「コミュ障」の社会学

貴戸理恵

青土社

「コミュ障」の社会学　目次

第II部　「当事者」と「専門家」のあいだで

「コミュ障」の社会学

はじめに――「非社会的」で、「社会的」な存在

1 「コミュ障」という経験

社会というものは、そこから漏れ落ち（かけ）たときに、よく見えることがある。薄くなって初めて空気の存在に気づくように。

たとえば、学校や職場、就職活動などの場面で、コミュニケーションがうまくいかず、気詰まりな沈黙を招いてしまったり、周囲から浮いてしまったりすることは、そのような「漏れ落ち」経験の身近な一例である。あからさまな拒絶の反応が返ってくるわけでなくても、周囲の人びとの嘲笑を含んだ軽い驚きの表情や、受け止められも投げ返されもせずしぼんでゆく言葉が、どうにも居たたまれなくて、ぎくしゃくしてしまう自分の挙動を周囲の人びとがどう見ているかと思うとさらに居たたまれなくて、その場から消えたくなる。そうした経験は日常的なものであり、誰もが一度は

そんな思いをしたことがあるのではないだろうか。

一方に、周囲から「あの人コミュ力高いな」と思われている人がいる。明るく親しみやすい雰囲気を放ち、人の話にテンポよく切り返し、華やいだ笑い声を上げる人。自然体でありながらその場の「空気」を壊さない、というよりも、自分が自然体で振舞える「空気」をいつの間にか作り出して、なおかつ強引さはなく「感じよく」ありつづけられる人。そんな人たちの土台には、「私はみんなに興味を持たれている」というまっとうな自信があり、それが「ナチュラルな感じのよさ」を根本から支えている。

他方には「コミュ障」と名指される人がいて、彼ら・彼女らには「無口で暗い、ノリの悪い、空気の読めない人」という印象が付きまとっている。「コミュ力の高い人」が持っている「ナチュラルな感じのよさ」が、「コミュ障の人」にはない。がんばって言葉を発しノリを合わせるよう努力すれば、輪に入ることはできる。だが、がんばったぶん家に帰るとどっと疲れが出てへたり込んでしまい、長く続かない。コミュニケーションをまったく楽しめていない自分に気づき、その場はうまくいったにもかかわらず、自信を喪失してしまったりする。だからといって「ナチュラル」でいると、「あの暗い人」と言われ遠ざけられてしまうのだからややこしい。

「コミュ障」とされる人とはいわば、コミュニケーションという道を一緒に歩いているのに、周囲の人と歩幅が違っているために、他の皆が何事もなく通り過ぎていく裂け目に足を取られてつまずき、落ち込んでしまうような人、ではないだろうか。

コミュニケーションの裂け目にはまり込んでしまった人は、単に「そのとき・自分が気まずい」だけではなく、気まずさを自分に対して可視的にすることで、「気まずい自分を見る自分」を成立させ、そのことで気まずさを増幅させてしまうようなところがある。もちろんなかには、周囲の人が「コミュ障」と名指すけれども当の本人にはまったくその自覚がない、という場合もあるだろう。だがこの言葉は「克服する」「治す」などの語とセットでしばしば使われており、「自分はコミュ障だ」と自覚して生きづらさを感じている人が多いように思う。つまりこれは「あいつコミュ障だよな」という外からの揶揄であると同時に、「私コミュ障だから」という内からの自虐の言葉なのだ。

そこには「コミュニケーションがうまくいかないこと」自体にもまして、「あの人はいま裂け目に落ちた」と周囲の人に気づかれていること、それを意識してますます言動が不自然になってしまうことがしんどい、という面がある。それは、否応なしに「自分が他者からどのように見られているか」を反省的に意識させられる経験であり、三面鏡をのぞきこんだように、「見る自分、を見る自分、を見る自分……」の連鎖が可視化されていく。

そして、このように自分の足下がぐにゃりとゆがみ、地面はまったく盤石ではなかったと知るとき、そのなかにすっぽりとくるまれていたあいだは意識する必要もなかった「社会」のようなものの一端が、あらわれるのだ。それは、そこからこぼれ落ちる自己にとって敵対的な異物としての「社会」である。そうした意味での「社会」の輪郭を掴みやすいのは、「コミュ力」があるとされる人よりも「コミュ障」とされる人の方だろう。

2 「社会的なのに、社会とつながれない」

しかし、「社会から漏れ落ちてはじめて社会が見える」というのは一つの側面でしかない。「社会から漏れ落ちている」と思っている人が、実際にはこの社会に深く根ざした存在である、ということがある。

くり返しになるが、「コミュ障」とされる人は単にコミュニケーションがうまくいかないのではなく、「うまくいっていない自分を他者はどう思っているか」という再帰的な視点を発生させるために余計にしんどくなっている。これはよく考えると不思議なことだ。「自分は周囲からどう見られているか」と他者の視線に配慮できるということは、その人が「社会性」を持っていることを示している。つまり、ほんとうに社会から漏れ落ちていたならば、「社会から漏れ落ちている自分」に痛みを感じることも少ないと考えられるのだ。

「コミュ障」は二〇一〇年代になって広まった言葉だが、こうしたいわば「非社会性の社会性」とも言うべき事態そのものは、古くからある。「不登校」と呼ばれる現象である。不登校は、日本では一九五〇年代末から報告があり、現在も継続している、「子ども・若者と社会とのつながり」をめぐる社会問題の「老舗」といえる。

これまで、不登校やひきこもりになる人は「社会性がない」と見なされてきた。たとえば、一九八三年の文部省の生徒指導資料は不登校の子どもや養育者について「適応性に欠ける」「社会性が乏しい」と表現していたし、一九九〇年の青少年白書は、不登校をひきこもりとともに「非社会的問題行動」と見なしていた。一般的にも、特に一九七〇年代半ばから九〇年代にかけての、「よい学校に入ってよい会社に入る（あるいはそういう人と結婚する）ことを、社会に認められたよい人生」と考える「学校＋企業＝社会」という信憑のもと、教室になじまない不登校やひきこもりは、それだけで「社会から漏れ落ちた」存在と見られがちだった。

しかし、「不登校は社会と疎遠である」という主張には、二つの点で疑問をさしはさむことができる。

第一に、「社会問題の社会学」の視点からみれば、「不登校を見ると社会が見える」と言える（森田一九九一、加藤二〇一二）。たとえば、第二次世界大戦後から二〇〇〇年前後くらいまでの中学校の長期欠席割合を示すグラフは、「U字型」を描く。すなわち、いったん減少し、底を打って、ふたたび増加するのだ。学校が定着していく初期のプロセスにおいて、都市‐農村や貧富の格差が大きかった一九五〇年代ぐらいまでは、経済的事情や親の教育意識の希薄さなどから、学校に行かない子どもは多く存在していた。それは「不登校」というよりも、より広範な領域に関わる前近代性の、学校における表れとして理解できるものだった。その後、近代化にともない子どもの長期欠席率は減っていく。底を打つ一九七〇年代半ばは、日本社会が一定の近代化を達成した時期だといえる。この頃、第三次産業従事者数が第二次産業従事者数を上回り、専業主婦率が戦後最も高くなり、高校進学率が九〇パーセントを超える。そして、「学校に行き企業に就職する＝社会とつながる」という等式が成立していく。だがこれ以降、長期欠席率はふたたび増加に転じるのだ。学校は近代化のための装置であり、近代化が達成されればその目的は失われる。登校する意味は自明でなくなり、「どうして学校に行かなくてはならないのか？」と問うようになった子どもたちが、さまざまな理由から学校を離れ始めるのは不思議ではない（貴戸 二〇一一、一二一―一二二頁）。

人びとが何を問題と見なし何に苦しむかということは、社会的文脈に影響されながら決まっていく。このようにマクロな視点から見れば、「社会から漏れ落ちた存在」としての不登校・ひきこもりは、戦後の日本社会が何を「社会」と見なしてきたのかを、逆照射する存在とも言えるのだ。

第二に、個々の「社会とのつながりにくさ」というミクロな面に照準した場合にも、「不登校の人は社会性がない」とは言えない面がある。これは、そもそも不登校という概念を通じて、いったい何が問題とされてきたのか、という点に関わっている。

不登校という概念の根幹には、「人が合理的な理由なく他者や社会とつながらない状態」がある。不登校とは、文部科学省の問題行動調査によれば、「何らかの心理的・情緒的・身体的、あるいは社会的要因・背景により、児童・生徒が登校しない、あるいはしたくともできない状況にある者（ただし、「病気」や「経済的な理由」による者を除く）」を指す。

この「合理的な理由なく」という点がミソである。「学校に行きたいのに貧乏だから行けない」

とか「勉強がイヤだから学校をサボりたい」ということなら、理解可能だ。だが、それらの理由が見られないにもかかわらず、人は時として、社会とのつながりをもてなくなることがある。不登校とは、そのような事態を概念化したものなのだ。

一九七〇年代ごろから精神科医として不登校（当時は「登校拒否」）問題に取り組んだ梅垣弘は、神経症的な長期欠席を識別するために、子どもが示す「すくみ」反応に注目していた（梅垣 一九八四）。従来型の長期欠席のように怠学や教育意識の希薄さが理由であれば、「学校なんて行きたくない」「どうして学校に行く必要があるのだ」と反抗することはあっても、「学校に行け」という登校刺激に対して「行かなくてはならないのは分かっているのにできない、自分はだめだ」と立ちすくんでしまうことはない。

神経症的な長期欠席におけるすくみや不安は、本人の緊張感を高め萎縮させ、ますます登校から遠ざける。だから、およそこの現象が問題化されたごく初期から、学校に行かない子どもに対する専門家介入の一つの方針は、登校圧力を下げることで、当事者のすくみ反応を緩和することだった。神経症的な長期欠席のごく初期の学術的な報告である「神経症的登校拒否の研究」（佐藤 一九五九＝一九九六）のなかで、著者の佐藤修策は不登校への対応について次のように書いている。

親は機会あるたびに説得したり、おどしたり、しかったりして登校させようとする。時に教師もこれに参加する。家庭生活はすべて登校に向けられ、おやつにも「学校に行けば……」の条件がつく。この刺激にクライエントは反抗し、逃避し、柱にしがみついて反応するのは全ケースにみられる現象である。この親や教師の刺激づけは登校拒否症状、神経症の強化（reinforce）に役立つのみである。症状は発展する。したがってまずこの強化関係を絶つことである。具体的には親や教師に登校拒否の原因について理解を求め、登校へのいっさいの努力――強圧的なものも、説得的なものも放棄するよう助言することである（同書、二二頁）。

ここで「強化関係」という言葉によって示唆されるのは、他者の価値や態度を内面化していると いう意味で「社会性がある」にもかかわらず――というより、社会性があるからこそ――社会とつながりにくい、という逆説である。「個人が社会をつくり、社会が個人をつくる」とする社会心理学の古典的な議論によれば、他者の態度を内面化することによって人は社会の一員となる（Mead 1934：邦訳書 一九七三）。だが現実には、人が他者との共同社会を営むことは、それほど単純なものではないようだ。

そこにおける「社会」とは、「自己を突き離す敵対的なもの」であるだけでない。それは「漏れ落ちた」という自己認識と、「漏れ落ちた自分を他者はどう見るか」という自意識のスパイラルのなかで、「自己を過剰に絡め取っていくもの」でもある。

「コミュ障」とされる人の自意識にも、これと同様の循環を見ることができるように思う。「コミュ障」とされる人は「社会から漏れ落ちている」ように見えやすいが、くり返すが「コミュ障」

と名指されるのを怖れること（あるいは先回りして自虐的に「コミュ障」を自称すること）は、その人が「空気」を読んでいることの証左ともいえる。つまり、「コミュ障」とされる人は、社会から漏れ落ちているのではなく、否応なく社会に絡めとられている。

3　本書の問題意識

「異常」と「正常」の境界部分に位置づき、「社会とつながりにくい」と見なされながらも「社会」につなぎ止められている存在。本書は、そうした「非社会的で、社会的」な存在に、さまざまな角度からアプローチしていく。

その際、特に不登校という現象を取り上げる。不登校は、先に述べたように「社会」と「非社会」の狭間に生じる問題であり、私たちが生きる現代の日本社会を照らし出してくれる格好のスクリーンだからだ。

この現象に注目するのは、個人史上の理由もある。私は、小学校時代を学校に行かずに家で過ごし、現在は大学教員をしながら不登校経験を持つ人と社会とのつながりについて考えている。「不登校経験を持つ不登校研究者」である。私の不登校にはいじめや学習の遅れなど明確な理由があったわけではなく、学校に行こうとすると「無理」という強烈な思いがあり、腹痛やチックなどを起こしていた。最初は戸惑っていた両親は、「不登校は病気ではない、子どもの人生のひとつのありようだ」とする不登校運動の言説に触れ、まもなく娘の状態を受容した。小学校時代のほぼすべてを自宅にこもって本を読んで過ごしたのち、中学から学校に行くようになった。不登校をしていた頃の「なぜ私は学校に行かないのか」「なぜこの社会は不登校を異常視するのか」という問いは残り続け、結果的に私を大学院で研究するという道へと導いた。

本書は、そうした経歴を持つ私が、二〇〇五年から二〇一七年までの一三年間に、さまざまな媒体に書いてきた論考をもとにしている（3章は書き下ろし）。

第一部では、現代社会における生きづらさについて、「コミュ障」「不登校」という現象を通じて考えていく。個人と社会とのつながりが全般的にやせ細っている現代では、社会にうまく馴染んでいる人と、社会から「漏れ落ちた」とされている人のあいだに決定的な差があるわけではない。そこでは、誰もが生きづらさを抱えうる状況が生じている。

第二部は、不登校経験を持つ「当事者」としてスタートした私が、「専門家」になっていく過程で書かれた原稿が中心となっている。ここでは、当事者とは誰か、当事者が語る意味とは何か、専門家は何をするのか、といった問いに迫る。

第三部では、生きづらさを抱える人が、「ありのままの自分」を曲げたり変えたりすることなく、社会とつながるにはどうすればよいか、という実践的な課題に挑む。当事者研究や居場所など、当事者が主体となって「自分（たち）が自分（たち）を助ける」営みに注目していく。

第四部では、支援する立場から「当事者の生に伴走する」とは何かを考える。ここには、当事者としての経験を核にもちながら親・教師となっていった私が、そのなかで感じた矛盾や新たに獲得した視点を盛り込んだ。

これまで述べてきたとおり、本書は、不登校、コミュ障、生きづらさといったキーワードを中心に展開する。だがそれは、生きづらさが学校に行かない子ども・若者やコミュ障とされる人のみの問題であることを意味しない。現代の日本社会には、さまざまな生きづらさが蔓延している。「社会に組み込まれている」とされる側の人びとも、程度の差はあれ、生きづらさを抱える可能性に晒されている。

本書が目指すのは、生きづらさを抱える存在を通して「私たち」について考えること、もっといえば、生きづらさを抱える人と、生きづらさなど縁遠いと感じている「普通」の人とのあいだに「コミュニケーション」を回復させることである。本来コミュニケーションをめぐる問題とは、「コミュ力／コミュニケーション能力」というかたちで個人に押しつけられるべきものではなく、私たち一人ひとりの「あいだ」に存在する関係性の問題のはずなのだから。

第I部
「コミュ力」時代の生きづらさ

1　若者の対人関係における「コミュ障」

1　「コミュ力」の時代

本章では「コミュ障（コミュニケーション障害）」「コミュ力（コミュニケーション能力）」という表現を手がかりに、私の経験を参照しながら、子ども・若者たちが生きる日常的な文脈の一端を描き出してみたい。私は不登校経験をもつ人へのインタビュー調査をしながら、大学で教師をやっている。そして、不登校やひきこもりの経験をもつ人びとの居場所づくりに取り組むＮＰＯ法人が主催する、「生きづらさからの当事者研究会」（通称、「づら研」）に参加している。これはおおよそ月に一度、何らかの生きづらさを抱えている二〇代以上の人びとが集まり、自分の生きづらさがどこから来ているのか、自分にとってどんな意味をもつのかを、他者や場とのつながりのなかで「研究」するものだ。学校に適応してきた大学生たちと、不適応の経験をもつ人びと。ある種の軸において両極に

いると見られがちな人びととの事例を通じて、コミュニケーションをめぐる若者のリアリティを見ていきたい。(1)

「コミュ障」という言葉は、「コミュニケーション障害」の略語として二〇一〇年ごろからインターネット上に広まったとされる(樫村 二〇一七、七九頁)。ネット用語であるため正式に定義されることはないが、医学的な意味で言語障害があるようなケースとは異なり、学校の教室などで「仲間と楽しく盛り上がる」ことが難しい存在を、揶揄的に表現するもののようだ。

こうした言葉が流行する背景には、「コミュニケーション能力」が強調される社会状況があるだろう。たとえば、「企業が新卒者の採用にあたって重視した能力」の一位は、二〇〇四年から二〇一七年まで一貫して「コミュニケーション能力」だ。二〇一七年では二位「主体性」、三位「チャレンジ精神」、四位「協調性」となっており、「周囲とうまくやりつつ自ら進んで動ける人材」が求められていることがうかがえる(日本経済団体連合会 二〇一七)。就活では、面接官とのスムーズなコミュニケーションの中で自分の「主体性」を表現できる学生が、選ばれてゆくことになる。

学卒新卒者ばかりではない。長期間にわたって非正規雇用を渡り歩いている人のなかにも、「どうしたの?」と思うくらい感じがよかったり、受け答えがスムーズだったりする人がいる。彼ら・彼女らが就いているのは、しばしば、インプットや取次ぎ中心の事務職だったり、英会話教室やスポーツジムなどの受付だったり、さまざまな場面で客と接する「店員」だったり、コールセンターのオペレーターだったり、教育・福祉分野における非専門業務だったりする。これらの仕事では、

「クライアントに感じよく接する」「常勤の同僚や上司に分からないところを質問し、問題があれば報告する」のが基本だ。加えて非正規雇用の労働者は、雇用保障がなく「必要なときに、必要な期間だけ」雇用されるため、短期的に職場を変わる可能性が高い。その都度、新しい職場と人間関係に馴染まなければならないわけだから、「コミュニケーション能力」がなければやっていけない度合いは、もしかしたら常勤の労働者よりも大きいかもしれない。

「コミュニケーション能力」の重要性が増す現代社会については、さまざまに分析されてきた。ポスト工業化社会では、耐久消費財の大量生産を中心とする第二次産業から、専門知識や情報技術の創出と利用が核をなす第三次産業に移行するに連れて、知識労働の重要性が高まり、それ以外の労働とのあいだに格差がひらく（Bell 1973、Reich 1992）。そこでは、「心からの笑顔」など感情をサービスとして提供することを求められたり、仕事の中で「人生に向き合う姿勢」を問われたりするなど、労働はより個々の内面に結びついた、人格と切り離しがたいものになる（Hochschild 1982：邦訳書 二〇〇〇）。こうしたなか、本田由紀は、知識量の多さや知的操作の速さに代表される「近代的能力」よりも、個性や創造性、対人能力といった「ポスト近代型能力」がますます要請されるようになっている、と論じた（本田 二〇〇五）。これは、人間の人格を評価に晒すものであり、どうすれ

（1）なお、本章は、私が過去に『東京新聞』に寄稿した二つの記事で提起した問題を、経験的な資料と照らし合わせながらより詳細に見ていくものでもある（貴戸 二〇一五、二〇一六）。

ば獲得できるかが不透明だ。「コミュニケーション能力」とは言うまでもなく、こうした「ポスト近代型能力」の一つである。

また、私的な生活においても、コミュニケーションが焦点化される場面は増えている。ギデンズは、友人関係や性愛の関係など身近な対人的信頼が、もはや制度化された「自明のもの」ではなく、相互の自己開示過程を通じて再帰的に達成するプロジェクトになっていく「親密性の変容」を指摘している（Giddens 1990：邦訳書一九九三、一五一頁）。そこにおける関係性は、コミュニケーションを通じた不断の関与によってのみ維持される、選択的で流動的なものである。私はこういう人間で、あなたのこういうところが好き。そんなふうに伝え合うことで、現代を生きる私たちは、地球の裏側にいる人とでも親密な関係をつくることができる。だがそれは、制度的な縛りや経済的な制約が存在しないなか、コミュニケーションの途絶が関係の終わりを意味するような、不安定さと背中合わせの自由でもある。

2　「コミュ障」とは何か

こうした分析を踏まえつつ、しかし、本書ではもっと身近なリアリティに即して「コミュ障」を考えていきたい。

細かく見てみれば、「コミュニケーション能力」といわゆる「コミュ力」と呼ばれるもののあいだには、ニュアンスの違いがあると思う。それは、「コミュニケーション障害」と「コミュ障」の隔たりに相応するような違いだ。すなわち、「コミュニケーション能力」が、仕事の場面や一般的な対人関係などより広い文脈で使われる印象が強いのに対し、「コミュ力」はどちらかといえば、学校のクラスなどより限定された場や集団に違和感なく馴染んで「和気あいあいと」「楽しく」過ごせるか、という点が焦点になっているように見える。

この二つは、重なる部分もあるが、基本的には別だろう。「スクールカースト」で上位だった「コミュ力の高い」ヤンキー的な人気者が、就職活動や仕事の場面で「コミュニケーション能力」を発揮できず、漏れ落ちてしまう場合などを考えれば、それが分かる。

「コミュニケーション能力」と「コミュ力」がどのようなものか、もう少し具体的に見てみよう。「コミュニケーション能力」への社会的な関心は高く、多くの本が出されている。その内容は、『伝える力』（池上 二〇〇七）、『伝え方が9割』（佐々木 二〇一三）、といったベストセラーのビジネス書から、異文化理解や表現教育などの専門書まで、多岐にわたる。『すべてはモテるためである』（二村 二〇一二）のような「モテ本」でもコミュニケーション能力は重視されているし、心理や介護・看護、教育関連の雑誌でも、頻繁に特集が組まれている。(2)

（2）「コミュ障を超えて」『こころの科学』二〇一七年、「コミュニケーションスキルを磨く」『看護実践の科学』二〇一六年、「コミュニケーション力を育てる」『児童心理』二〇一四年など。

これらの刊行物で言及される「能力」を列挙すれば、以下のようになるだろう。

（1）外国語運用、プレゼンテーション、ディベートなどで用いられる技術的な能力。
（2）背景の異なる他者を理解し自己を発信する異文化コミュニケーションの能力。
（3）就職活動やＡＯ入試などの面接などで「自分の物語」を語り受け答えする能力。
（4）合コンや営業などで一般的な相手に不快感を与えず距離を縮めていく能力。
（5）友人や恋人など特定の親密な他者と関係性を築く能力。
（6）ケアや教育の現場などで相手のニーズを汲み取る能力。

もちろんこれがすべてではなくほかにもあるだろうが、ここに挙げたものを見るだけでも、さまざまな力が「コミュニケーション能力」とされていることが分かる。これに付け加えて、「コミュ力」的な以下の力が上げられるだろう。

（7）学校の休み時間などに可視化される、周囲の空気を読み・ノリにあわせて盛り上がる能力（＝「コミュ力」）

以上の（1）から（7）までの「能力」には、その必要の普遍性や身につけやすさ、特徴などの点で、多様性が孕まれている。

たとえば、「友人や恋人と関係を築く力」は誰にとってもある程度「必要だ」と言いうるが、「営業の力」や「英語でプレゼンする力」「患者や生徒のニーズを汲む力」などは、特定の職業に就いている人にとってより必要度が高く、「なくても別に困らない」という人も多いだろう。また、「就職活動の面接で受け答えする力」や「学校の休み時間などにノリで盛り上がる力」は、その時期は致命的に重要に見えるかもしれないが、そこさえ乗り切ってしまえば、その後の人生の多くを占める社会関係、すなわち職業と家族や友人などの親密な関係の維持に直接関係しない。そのため長期的な人生で見たときの重要度はそれほど高くないといえる。

そして、「外国語運用能力」など学校教育や自分の努力で身につけやすいものもあれば、「異文化との対話力」「恋人とつきあう力」のように経験を通じてしか育むことができないものもある。さらに、「ノリに合わせる力」「営業の力」など、その人のパーソナリティに規定される程度が相対的に高いものもある。

また、私はかつて「コミュニケーション能力のある人」とは、二者間の意思疎通を達成するうえで相手の負担を軽くする「対話のコストが安い人」だと書いた（貴戸 二〇一一、四七頁）。つまり、「コミュニケーションがうまくいきやすい人」はいるが、それは「能力の高い人」というより、「受け手が時間的・労力的なコストをかけてがんばらなくても通じやすい人」だと考えられる。そう考えれば、コミュニケーションがうまくいきにくいことは、「能力が低い」とされる個人の問題ではなく、コストをかけることができない環境の問題と見なせる。これに照らせば、「発信者」としてわかりやすいために「受信者」が理解の努力をしなくて済むのが「面接で受け答えする力」や「営業の力」であり、「受信者」として優れているため「発信者」の表現が限定的でも伝わる可能性を高くするのが「ケアの力」だといえるだろう。ここでは、伝達する内容を発信者・受信者間でやりとりするという、二者間を基本とする相互作用場面が想定されている。

これに基づいて、本章が注目する「コミュ障」とされる人が「持たない」とされている力、すなわち「学校の休み時間などにノリで盛り上がる力＝コミュ力」について検討してみよう。

第一に、この力は学校の成績や職業能力に直結するわけではなく、恋人や親友を持つうえでの必要条件ともいえない。あえて一般的な基準で価値判断をすると、「長期的に見れば大して重要ではない」だろう。第二に、個々の努力や経験の積み重ねによって身につけうるともかぎらない。「ある」とされるか「ない」とされるかが、「生まれ持った性格」のように本人の裁量の及ばないところで決まってしまうところがある。そして第三に、この力が重視される場面では、やりとりする内容や対話すべき相手があらかじめ確固としたものとして存在しているというよりも、複数の人が集まる日常的な場において、「何となく」つくられる「空気」になじめるかどうかが焦点となっている。その基本的な形式は、二者間の相互作用というより、教室や職場といった集団への没入である。

このように整理してみると、次のような疑問が浮かんでくる。長い目で見れば大して重要ではないかもしれない、努力では身につけにくい、「集団に馴染む」ための力を持たないことの、いったい何が問題なのだろうか？　なぜ私たちは、「コミュ障」と名指されることを恐れ、「コミュ障」を何とかしたいと思うのだろう。

「コミュ障」の奇妙さは、その制度的不利益の曖昧さと滑稽な外観に比して、主観的には、不釣り合いなくらい深刻な生きづらさを当人にもたらしうることだ。その場の人間関係にうまくなじめなかったり、運悪くはじき出されたりするとき、「コミュ障」という名指しは、「私はここにいてよい大切な人間だ」という自尊心を深いところで傷つけるものになりうる。仲間同士の関係における相互承認のプロセスが自己イメージに多大な影響を与える思春期の人びとであれば、なおさらだろう。

以上を踏まえ本章では、「コミュ力のある人」と「コミュ障とされる人」それぞれの事例を見比べることを通じて、「コミュ障」とは何か、その何が問題なのかを考えていく。取り上げる事例は私が身近に経験したものであり、きちんと比較するにはより詳細な検討が必要だが、ここではひとまず試論的に、この問題について考えうる方向性を示してみたい。

3　大学における「コミュ力のある人」

まず、大学の教室の様子から、「コミュ障」の反対である「コミュニケーション能力がある状態」とはどんな事態かを見てみよう。以下は、二〇人以下の小規模クラスにおける出来事だ。

クラスにAさんという男子学生がいた。他の学生たちからは、「Aはこのクラスでの発言力が大きい」といわれていた。つまり彼は「コミュ力が高い」とされるタイプの人だった。

Aさんはよく喋った。教師の言うことを茶化してみんなを笑わせる。女の子をからかってちょっと怒らせてみたりする。されたほうは、笑いながら「もーうるさい!」などと言い、それを見てまたみんなが笑う。課題などやることはしっかりやるし、出来もいい。でも「本気は出していない」素振りを見せて、議論を深めようとするとまぜっかえしてしまう。学生たちは笑っている。まじめくさったクラスよりいい、とみんな思っているのだろうか。

私はそれ以上のまともな対話をいったん諦め、「はいはい、もうわかったから」と、この笑いをいなそうとする。私には何が面白いのかさっぱりわからないし、授業を中断されて迷惑なのだが、まともに叱ったりすれば、学生の気持ちがすーっと靄をかけられたように遠ざかってしまうのを経験的に知っている。それ以前に、「コミュ力が高い」人というのは、こちらが相手の「ノリ」を尊重せざるを得ないような「空気」をいつの間にか教室に充満させるのがうまい。相手が教師であってもだ。

これだけならまだ問題はない。だが、そのうちに雲行きはあやしくなっていく。Aさんは、「美人がいれば学校も楽しいのになー」などと言う。「夜道を歩くのが怖い」と言った女の子に、「おまえは心配いらないだろ」と絡んだりする。さすがに私は介入する。「そんなことを言うもんじゃないわよ」と凄む。それが、「おー、先生に怒られちゃった」という笑いになる。「いやー俺じゃないっすよ。言ったのはコイツ」とそばにいた別の男の子を指して、また笑いにもっていく。言われた女の子も、他の女の子たちも、「コイツ」と言われた男の子も、笑っている。これは何なのだろう。

私は正攻法を諦めて、努めて表情をやわらかくしながら「そんな言い方しないでくれる。聞いていてしんどくなるわ」と「お願い」してみる。あるいは、「笑いをとるのにネタがセクハラって、それじゃあ二流でしょ」とあしらってみる。「問題発言だ」と真顔で叱ればたちどころに、学生たちは「引いて」しまうだろう。こちらの権威は失われているから、叱咤する身振りは、反省どころか、「自分とは無関係な遠い人」という教師へのまなざしを喚起し、ますます言うことを受け止めてもらえなくなる。否定したら負け。そう考えて、私は授業を続ける。私自身が、「空気を読めない人」にならないために。

おそらく学生たちは「悪ノリ」だというだろう。しかし私にとっては、これは「差別」の問題である。周囲のノリを壊さないことを優先して、差別を黙認してしまったという後味の悪さが残った。

4 「エンタテイメントとして人を侮る力」としての「コミュ力」

「コミュ力がある」のはよい、ということになっている。そして、差別やいじめは悪い、ということになっている。だが、この例のように、その二つが重なっている場面は日常的に存在する。「コミュ力」がすなわち人を貶める力を指す、と言いたいわけではない。単にほがらかで親しみやすいそれもあるに違いない。だが、エンタテイメントとして人を侮る振る舞いを「コミュ力がある」と呼ぶ場合も少なくない。学生にいじめについて講義すると、授業後のコメントに「いじめをする人はモテていた」と書いてくる学生が時どきいる。エンタテイナーは賞賛されるのだ。たとえそれが人を貶めることによってなされたものでも。

これは子どもたちの世界だけのことではない。精神科医の滝川一廣は、いじめについて「子どもはおとなの鏡」としながら、「なにかとバッシングしたり、スキャンダルを囃したてたり、ひとをいじって笑いをとったりするおとなたちの社会的行動」を省みている（滝川 二〇一二）。とくに、テレビのバラエティ番組を通じて提示される芸人的なコミュニケーションでは、ある人の行為を「ネタ」に「笑いをとる」所作、またそれを観て「ウケる」所作は、見慣れた風景であり、子どもたちはただ反復しているにすぎないといえるだろう。ただ、子どもの荒削りな世界には、「プロ」であれば伴うはずの、最後に自分を笑ったり、社会を風刺したりする「芸の力」が欠けている。そこでは「笑いをとる力」としての「コミュ力」は、容易に、誰かを「笑い者にする」力、すなわちいじめのリーダーシップと重なってくるだろう。

冒頭で述べたように、「コミュ障」であること自体に問題はない。友人同士の雑談ができなくても、成績が悪くなるとか、希望の進路に進めないといったことは直接的には起こらない。だがそれでも、「あいつ、コミュ障だよな」と名指す態度は問題だといえる。それは誰かを「下」と格づけることで輪から外し、結果的に自分と仲間の存在価値を承認しあう態度だからだ。これは、「いじり」「スクールカースト」といった周辺的な状態を経て「いじめ」へと発展していく。そして、それは単に「コミュ障と言うべきではない」という個々のモラルの問題ではなく、より広い社会に根差した構造的な問題なのだ。

5　対人関係をめぐる生きづらさ

コミュ力がある人がいる一方で、こうした対人関係のあり方に、うまく溶け込めない人はいる。以下では、教室の人間関係に馴染めなかった人の場合についてみてみよう。

「生きづらさからの当事者研究会」で出会った、不登校経験をもつ二〇代男性、Bさん。中学で不登校を経験し、友人との交流はないまま自宅にこもって過ごした。その後、独学で勉強をして高卒認定資格を取り、大学に入学する。「づら研」の活動記録である冊子に、Bさんは次のように書く。少し長いが引用しよう。

望んで入った大学でした。中学一年の時に不登校になって、フリースクールや居場所などにも通わずに生きてきたぼくは、今度こそひとの輪の中に入るんだ、と気負っていました。

同級生に積極的に話しかけて仲良くなって、一緒にサークルの新歓をはしごしたりしました。新入生どうしの懇親のための飲み会にも参加して、二次会で苦手なカラオケも頑張って歌ったりしました。

ぼくには焦りがありました。この新しい環境で、少しでも早く自分にとっていいポジションを確保したいといつも思っていました。

「グループなんてソッコーで固まるからはやくどっかへ食い込んどけ」当時のある先輩の言葉です。

ぼくはそれまで、人間関係というのは、もっと穏やかにゆっくりと形作られていくものだと漠然と思っていました。しかし、大学に入ってぼくが直面した人間関係はよくも悪くもめまぐるしく、ダイナミックなものでした。ボーっとしてたらとりのこされる、先輩の言うことは正しい、と感じました。

その想いはぼくの心をせわしなくしました。明るく、活発的なひとたちのグループに近づき（多少ウザがられていると分かりつつも）、なんとかこのひとたちの「仲間」になりたい、と思っていました。その一方で、地味に思えたり、非社交的に思える人たちに対しては、「こいつとつるむのはあり得んわ」とあえて距離をとったりしました。ぼく自身もほかの同級生から「仲間」であることを求められたり、「ありえんわ」と切り捨てられたりしていたように思います。人から、つまらない・面白くない人間だと見なされることを異常なまでに恐れていました（づら研 二〇一三）。

努力の甲斐あってBさんは、周辺的な存在ながら目当てのグループの一員になる。だが、あるときそのグループの中心である一人から、「Bくんは、頑張ってるのはわかるんだけど空回りしてる」と言われてしまう。もとより無理を続けてぎりぎりの状態だったところに、この発言によって「俺たちの空気を乱すお前をツレと認めるわけにはいかない」というメッセージを受け取ったBさんは、周囲との「ズレ」を意識するようになり、張りつめた糸が切れたように再び不登校になった。

Bさんの経験からは、「コミュ力」というものが孕む矛盾が浮かび上がる。空気を読んで戦略的に振る舞わなければならないが、それはあくまでも自然体で、「気づけばそうなっていた」という身体化されたかたちでなされる必要がある、という矛盾だ。「コミュ力」はすでに備わっているからこそ価値をもつものであり、自覚的に身につけるのが難しい。Bさんのケースでは、頑張れば対人関係を作ることができるが、無理をしているためにやがて疲れてしまい、持続可能ではない。かといって「ありのままの自分」「自然体」を晒すと周囲に溶け込めず、低い評価に甘んじなければならなくなる。そこでは、「無理をして関係を保つ」か「自然体で切り離される」かの極端な二者択一が生じやすく、しかもどちらを取っても生きづらさが生じてしまう。

さらに、こうしたコミュニケーションに「格づけ」や「排除」のまなざしを見てつらくなる場合もある。私がインタビューした、中学校時代に不登校経験をもつ二〇代の女性Cさんは、次のように語る。

中学校は、一番難しい時期というか。値踏みの視線が持ち込まれる時期で。成績、スポーツ、持ち物、容姿。何にでも値踏みの視点が持ち込まれる。カースト制みたいのがある。面白いことを言って笑わせようとするんだけど、それが人をあざ笑う笑い。そういう人が人気者。あれはつらかった。……以前から「なんでみんなと同じにできないの」って叱られている子を見るのがつらかった。そんな風に先生が接すると、みんなができないことを笑う。それがつらかったし、見ていて傷ついてた（Cさん、インタビュー、二〇一五年一月）。

Cさん自身は、基本的に成績のよい模範的な生徒と見なされており、あからさまに「下位」に位置づけられた経験やいじめられた経験はない。Cさんの感じた「つらさ」は、自分が貶められる可能性への不安というより、「エンタテイメントとして人を侮る力＝コミュ力」とする教室の、より広くはこの社会全体の、不文律への受け容れがたさに関係しているといえる。

6 「空気」が読めてしまうから生きづらい

「空気」を生み出していくAさんやそれを支持する周囲の学生たちと、Bさん、Cさんのような生きづらさを抱える人たちは、一見大きく異なる存在に見える。しかし、「空気」に対するなじめなさは、逆説的だが、その「空気」を敏感に察しうるからこそ生じる面がある。「空気」をまったく読めないならば、仮に「頑張ってるのはわかるんだけど、空回りしてる」と言われても、そこから「お前をツレと認めるわけにはいかない」というメッセージを読み取ったりはしないだろう。言ってみれば、「コミュ力」のなさを自覚し生きづらさを感じる人は、その時点で「空気」が読める人ということになる。「コミュ力」があるとされる人と違うのは、ただ、その先で「場にふさわしい態度は何かをその都度考え、そのように振る舞うことを期待されている」ことを冷徹に自覚し続け、そのために無理をしてぎくしゃくしてしまう点だ。

「コミュ力」がある人も、やはり「空気」を読んだうえで振る舞うから、その態度がいかにナチュラルで無理のないように見えても、「作為された自然」に他ならない。たとえば、高校生の「キャラ」としての関係を描いた小説『野ブタ。をプロデュース』の主人公・人気者の高校生である修二が、「今日も俺をつくっていかなくては」と登校前に自宅の鏡に向かってつぶやくように（白岩 二〇〇八）。だが、彼ら・彼女らは多くの場合、その作為性を意識することなく「そんなものだ」と受け止める。そして、そのように振る舞ううちに、態度の起源にあった作為性を意識の中から消し去ってしまえる。「作為された自然」が不自然にならないのは、このように、空気を読んで態度を変えながら、空気を読んでいること自体を忘れ去ってしまえるからだ。忘れ去っていられるあいだは、コミュニケーションは楽しい。「何を話していたかは忘れてしまったが、いい時間だった」という印象が残る関係性は、「話の内容に意味があった」という関係性よりも心地よい。「ノリ」のよい雑談とはそうしたものだろう。

もっとも、「コミュ力がある」とされる人においても、作為性がふと意識されて息苦しくなる場面はある。匿名の授業コメントで、学生たちはしばしば書く。「ひとりでお昼ご飯を食べたり授業を受けたりすること自体はいい。ただ「ああ、あの子ひとりだな」と思われるのがいやだから誰かを探す」と。このとき、「ひとりで行動する」という「自然」な態度は、周囲からのまなざしを意識して曲げられており、作為性が本人に自覚されている。

いずれにせよ、「コミュ力がある」とされる人も、「コミュ障」とされる人も、同じ文脈で空気を読み合いながら生きている。とはいえこのことは、「両者の垣根は実は低く、コミュ障でもすぐにコミュ力をもてる」ことを意味しない。「コミュ力のある人」に、意図してなるのは難しい。先に述べたように、「コミュ力がある」とされるためには、作為的に振る舞いながらその作為性を忘れ去ってしまわなければならないからだ。「意識していないことを意識する」ことはそのように努めればできるだろう。けれども、すでに意識してしまっていることを「意識しないように」することは、ほとんど不可能に近い。

7 異文化と「コミュ力」

以上では、「コミュ力がある」とされる人も「ない」とされる人も、同じ文脈を共有して「空気を読み合う」関係性を生きていると論じた。ここで疑問が生じる。もし「本当の意味で空気の読めない人」が目の前に現れたら――それが無視できないくらい多数で、その人たちとの意思疎通が必須である状況が生じたら――どうすればいいのだろう？

たとえば、異文化コミュニケーションでは、「ノリ」どころか文化や言語さえ異なる相手と対話をすることが必須になる。そこでは、違いを明示的に言葉にして伝え合う作法、すなわち「自分がどのような人間か」を相手に分かるように伝え、「相手がどのような人間か」をその言葉に耳を傾けながら理解する態度が重要になる。

二〇一〇年代後半の現在、グローバル化が進み、二〇年前には予想もつかなかった速さで、日々多くの情報やお金や物や人が、国境を越えて動いている。今の子どもたちが大人になるころには、教室や職場で異文化と出会う機会はずっと増えているだろう。そこでは、前記のような異文化コミュニケーションの作法が日常的に求められてくる。

そのとき、教室という同じ「空気」を共有する空間でのみ通用する「コミュ力」を磨いてきた人は、どうなるだろう？　コミュニケーションの作法は、体に染みついた癖のようなものだから、いざ必要になっても、日ごろからやっていなければ突然できるものではないだろう。「空気を読む」ことに長けているがゆえに、その「空気」が異なる異文化を前に沈黙してしまう、ということになりかねない。

くり返しになるが、これは子どもたちだけではなく、大人の社会の問題でもある。たとえば、テレビのバラエティ番組では、帰国子女である人に「マクドナルドを何と言うか？」と尋ねてネイティブ風の発音をさせ、「ムカつく!」と言って笑うようなものがある。好意的に解釈すれば、大人たちは、日本人の多くが英語が不得意である現実を自虐的に笑っているつもりかもしれない。だが、子どもたちが日本の教室でこれを反復するとき、「異文化を笑いものにする」という作法に横滑りする可能性は否めない。そのような笑いに慣れた人が、英語しか解さない人を相手にしたとき、英語でコミュニケーションができるだろうか。これは「英語ができる/できない」、という言語運用能力以前の問題だろう。

異文化とは、何も「外国人」だけではない。たとえば、セクシャルマイノリティの人、障害をもつ人、不登校やひきこもりの経験をもつ人、外国籍の人、自然災害や暴力などの非日常的な困難を経験した人などは、そうした経験をもたない人にとって異文化だろう。まずは、身近にある異文化同士のコミュニケーションの可能性を、子どもたちに対してひらいていくことが重要だ。

「コミュ力がある」/「コミュ障」という対立軸が生じるのは、同じ空気を共有する者の中でしかコミュニケーションを考えていないからだ。「周りと異なる」ことを貶めず、理解や受容の態度をもつこと。「周りと異なる」ことを恥じず、「空気」を読んだ先回りの自己否定をしないこと。異文化コミュニケーションのために重要なのはそうした態度であって、「コミュ障」という名指しは害の方が多い。

2　「生きづらさ」の増殖をどう考えるか――みんなが「当事者」になる時代

1　「生きづらさ」が増えている

「生きづらさ」という言葉が、たくさん使われるようになっている。

こころみに朝日新聞の記事検索で「生きづらさ」という言葉を含むものを検索してみよう。この言葉は一九九五年に初めて現れたあと、二〇〇〇年代以降、増加傾向にある。使われ方は、九〇年代には「精神障害」「アダルト・チルドレン」など精神・心理領域の問題が中心だったのが、二〇〇〇年代半ば頃までに、「依存症」「自助グループ」「不登校」「ひきこもり」「ニート」「女性・男性」「少年犯罪」「障害」などの言葉と共に使われるようになり、適用範囲が拡大されていく。さらに二〇〇七年代後半になると、それまでのものに加えて、「プレカリアート」「ワーキングプア」など反貧困系のキーワードや、「発達障害」も登場してくる。同時に、若者だけでなく、子どもの生きづらさや、「無縁社会」など高齢者の生きづらさも注目されるようになる。

「生きづらさ」という表現が多く使われることは、問題の現代的な現れ方を示しているように思う。

第一に、問題の現れ方が個別化・複雑化していて、集合的な属性や状態では捉えきれなくなっている。この社会には、さまざまな理由から、「生きていくのがつらい」という状況が存在している。病や障がいを抱える個々の精神や身体の苦しみ。いじめや体罰など学校環境がもたらす苦しみ。差別や貧困という社会構造が強いる苦しみ。それらはこれまで、「医療」「福祉」「教育」「社会」などの領域で、例えば障がい者の、女性の、在日コリアンの、不登校の問題として語られてきた。けれども二〇〇〇年代以降、問題を特定のカテゴリーに寄せて語ることは以前より難しくなっている。ライフコースが多様化し、同じ「女性」だから、「障がい者」だからといって、抱えられた問題が同じとは限らない、と考えられるようになった。さらに、ひとりの人が経験する問題も多様化し、「発達障害」「不登校」という一つのキーワードで表すことは難しくなった。

たとえば、自身の発達障害を描いた『ニトロちゃん』の作者である漫画家の沖田×華さんは、学習障害・ADHD・アスペルガーを持ち、学校で体罰やいじめ、性的虐待を受け、暴力やストーカーをする父がいて、自殺未遂の経験があり、バイセクシャルで、たくさん整形手術をし、風俗の仕事をした。彼女の問題は、「発達障害」「セクシャルマイノリティ」「虐待」「女性差別」という言葉のいずれかでは、掴むことができないだろう。

第二に、一部の「漏れ落ちた人」だけでなく、すべての人が潜在的に問題を抱えるようになってきている。グローバル化と市場化のなかで人生の長期的安定性が崩れるなか、キャリアは「いい学校に行けばいい会社に就職できる」という見通しのよいものから、「いい学校に行ったとしてもいい会社に就職できるとは限らない。自己責任で自立するしかない」という不確かなものになった。マイノリティであっても、個々の裁量でキャリアを切りひらいてゆく可能性が生まれる一方、大卒の男性で健常者の若者でも、正規職に就けずフリーターになったり、入社した先がブラック企業だったりで、深刻な苦しみを抱えることもある。かつてはマイノリティに集中的に現れていた苦しみが、広く薄く――といっても総体的には、いまだマイノリティの上にはっきりと濃く――社会全体に広がっている。

そんなとき、「生きづらさ」という言葉は便利だ。「生きづらさ」は、その人が傍から見てどんな状態にあるか、何のカテゴリーに属すかに関係なく、「私は生きづらい」という本人の主観に根差している。だから、「発達障害」とか「セクシャルマイノリティ」といったカテゴリーに回収しきれない苦しみを「私の生きづらさ」として表すことができる。さらに、マイノリティの属性を持たない人も、「生きづらい」という言葉を使って苦しみを表現できる。

言いかえれば、「生きづらさ」は、個人化・リスク化した人生における苦しみを表す日常語なのだ。

2　学校のなかの「生きづらさ」

こうした個人化・リスク化した苦しみの表現である「生きづらさ」は、学校のなかの子どもたちの人間関係にも見ることができる。教室の人間関係を考察する研究者たちは、さまざまなかたちで息苦しさを指摘している。たとえば、土井隆義は、ある中学生による川柳「教室はたとえて言えば地雷原」を引きながら、対立を回避して過度に気遣いあう若者の人間関係を「優しい関係」と呼ぶ（土井 二〇〇八）。また、鈴木翔は、『教室内カースト』において、クラス内の生徒全体を包み込む「ランク付け」と、自分のランクを自覚しそれにふさわしい行動を自ら取らなければならない重圧を描き出す（鈴木 二〇一二）。こうした人間関係は強い緊張や閉塞感をともない、結果としていじめが生み出されることもあるとされる。

ここでは、人間関係が「戦略」や「能力」といった個人的なものに落とし込まれており、個人化していると言える。

人間関係がほんとうに「関係」であるならば、そこには、異なる立場や意見をもつ「あなた」と「私」が、語り合いながら理解を育む相互作用があるはずだ。この場合、コミュニケーションがうまく行かなければ、「相互に譲り合って調整する」という対応が取られたり、互いに何らかの否定的な感情を抱いたりする。

だが、教室にあるのは、そうした「関係」ではなく、「コミュニケーションがうまい子／ヘタな子」あるいは、「こういうキャラでいこう」と緻密に計画を練る「個人」としての子どもたちである。そこでは、意思疎通がうまくいかない場合、「あの子は変な子」「キャラ化の戦略が失敗した」と見なされ、相手か自分の個人の問題として回収されてしまう。関係の対立や摩擦が生じることはなく、付き合いを断つとか、「キャラ変え」を行うなど、個人的に対処して終わる。

また、このような息苦しさは、いじめ被害に遭ったり「ランクが低い」とされる子どもだけでなく――そうした子どもたちが、より多く、深く苦しむことは確かだとしても――教室のなかでうまく立ち回っているように見える子どもたちをも巻き込んで、教室全体に広がっている。たとえば、白岩玄の小説『野ブタ。をプロデュース』の主人公は、自他共に認める「イケてる高校生」だ。けれどもその地位は、綿密な自己演出によって辛うじて保たれているに過ぎず、ふとしたことで砂山が風に崩れるように失われてしまう。

問題なく過ごしているかに見える子どもたちも、教室を支配する見えないルールに目を凝らし、外れてしまわないよう、緊張のなかで過ごしている。そのなかで誰が「ランクが低い」と見なされるか、いじめのターゲットになるかは分からないし、誰もコントロールすることができない。それは、誰もがある程度晒されているリスクとなっているのだ。

3 「自己責任」のリアリティ

こうした状況を、子どもたちはどう感じているのだろうか？

大学で教師をしている私の実感では、学生たちは、物心ついてからの人生の九割がたを学校の教室で過ごすなかで、「人生とは、社会とは、このようなものだ」と、事態を淡々と受け止めている。たとえば、彼ら・彼女らは話してくれる。「運動神経のいい子、可愛い／カッコいい子、人気がある魅力的な子はいる。その逆の子もいる。魅力的な子がそうじゃない子より地位が高いのは当たり前」と。そして、「世のなかに強い人間と弱い人間がいるかぎり、どんなに教育や制度を変えても、いじめはなくならない」と。そんな学生たちは、自身の中学・高校時代を「部活に打ち込んで、友達と遊んで、行事で盛り上がって、楽しかった」と振り返る。

こうした態度は、個人化とリスク化が進行する現代において、学生たちが取る生存戦略であり、「与えられた環境のなかで精いっぱい有利に生きたい」という健やかさである。

ただ、個人化・リスク化への適応は、社会のなかに問題を見出し、自分の抱えている苦しみをその問題と結び付け、社会を変えようとする態度を挫かせる側面がある。

たとえば、前記の語りは、「いじめ」をテーマにした私の講義に対して寄せられたものだ。講義のなかで、私はいつも次のように言う。「いじめはいじめを可能にする社会的条件があって初めて成立する。その条件とは、被害者に逃げ場がなくて、誰も加害者を罰しないこと。たとえば、この条件が当てはまらない道ばたなどでは、人が人を殴れば周囲が通報するし、無視をされたらそれ以上関わらなければいいから、いじめは発生しえない。いじめは本当は、なくすのが難しいよりずっと、成立するのが難しいものだ」と。もちろんここには、いじめを成立させる教室の「奇妙さ」を照らし出す意図がある。

が、そこに返ってくるのが「いじめは決してなくならない」という上記の反応なのである。彼ら・彼女らは、「社会環境を変えていじめをなくす」ということに、夢や希望を抱いていない。社会環境を所与として受け入れたうえで、自分の能力と努力で何とかこの不確かな社会を泳ぎ抜くしかない、と考えている。そのように、「問題あるこの社会」と「人生に対する態度」を切り離してしまえば、「諦め」「絶望」といった陰影はぬぐい去られ、「今のこの状況でできる精一杯のことをやろう」と思える。そのように「前向き」になって初めて、過酷な就職活動の荒海に乗り出していける、という現実がある。

「問題あるこの社会」と「人生に対する態度」を切り離すとは、「社会に問題があるのはもう仕方がない、そのうえで何とか勝ち残れる方法を探すしかない、そして負ければ自己責任」ということだ。こうした態度のもとでは、失敗をすべて「自己責任」で引き受けざるを得なくなり、長期的には本人が追い詰められてしまう。さらに、こうした態度をとる人が増えれば、「よりよい社会」を設計するための基盤が薄くなってしまう。

既にその兆候はある。朝日新聞とベネッセの共同調査によれば、「高所得の家庭の子ほどよい教育を受けられる」という現状を、是認する保護者が増えているという（朝日新聞二〇一八年四月五日）。格差を「問題だ」と見なす人は、二〇〇八年の五三・五パーセントから、二〇一二年には三九・一パーセント、二〇一八年には三四・三パーセントとなり、年々少数派になっている。不平等が「常識」になってしまえば、問題の改善は見込めない。

子ども・若者のリアリティに根差しながら、個々の「生きづらさ」を、いかに関係性や社会へとつなげていくことができるか。大きな課題である。

4　それでもつながって生きる知恵を

だが、希望はある。最後に、つながりにくい時代をつながって生きる可能性に触れておこう。

第一に、子どもたちは、適切な環境に置かれれば、関係を作りだし、育てる力を持っている。フリースクール・フリースペースや学童保育といった学校外の子どもの居場所で、あるいは場合によっては学校においても、大人たちが適切に関わることによって、子どもたちのあいだに豊かな関係性が生み出されることがある。

事例を挙げよう。ある学童保育で放課後を過ごす、「発達障害」と診断された小学校二年生の女の子・Aちゃん。周囲の呼びかけや注意が届かず、思うままに喋り、動き回る。学校では「問題児」と見なされ叱られることが多く、不登校気味になったこともある。ストレスがたまるのか、学童保育でも、ゲームをしている子どもたちに割り込み、他の子が読んでいる本を前触れなく取り上げてしまう。コミュニケーションがうまくいかず、悪気なく挑発的な言葉を発して相手が怒ってしまうなど、トラブルが絶えなかった。

指導員たちは相談し、「そういう時は、こう言ってみたら？」と本人に示しつつ、周囲には「Aちゃんの言葉に反応しないで、でも無視はしないでね」と伝えるようにした。それを根気よく続けた結果、問題が起こりそうになると、周りの子どもたちが「Aちゃん、もういいからあっちに行こう」などうまく逸らしてくれるようになったという。本人が、場にそぐわない言動をとることは変わらない。ただ、摩擦が少なくなりストレスが減ったのか、「バカ」「ずるい」といった否定的な言葉に、「ステキ」「大好き」などの肯定的な言葉が徐々に混じるようになった。周囲が気を抜いて対応が粗くなると、元に戻ってしまう。それでも、少しずつ確実に変化している（貴戸二〇一四）。

この例では、問題が、「発達障害」という対処に本人のみが責任を負う個人化されたものから、「この子を含みこんで回る場をどう創るか」という関係で受け止めるものへと、変化している。コミュニケーションを改善するために、「問題がある」とされた人だけでなく、その人に向き合う「私」や「私たち」の側が変わってもよいのだと、この例は教えてくれる。

第二に、すでに学齢期を過ぎた大人の苦しみに関しては、「生きづらさ」を語る実践そのものが、自らを他者へとつなぐカギとなりうる。

既に述べてきたように、私たちは、自分の苦しみを「生きづらい」という言葉でしか語れない時代を生きている。もう「女性」「障がい者」「不登校者」といった集合的な属性や状態に寄せて、自分の苦しみを語ることはしにくい。特定の属性や状態にある人に不利益が集中する構造は色濃く残っているにもかかわらず、それらを「属性や状態による差別」と捉えるよりは、「個人で切り抜けるべき」と認識する視線が強くなっている。個人化・リスク化を前提として受け入れなければ、過酷化する競争のスタートラインにさえ立てない。そしてその競争はしばしば、勝っても、負けても、降りても、「生きづらい」。

これは、逆に考えれば、置かれた属性や状態にかかわらず、誰もが「生きづらさ」の当事者になりうる、ということでもある。多くの人が漏れ落ちうる社会とは、見方を変えれば、多くの人が「漏れ落ちた存在」と自分自身を重ねあわせ、その苦しみに寄り添う可能性にひらかれた社会とも言える。「おまえは能力がないから使い物にならない」と言われてきたかつての障がい者や女性の痛みを、現代ではより多くの健常者や男性が「我がこと」として経験しうる状況にある。厳しい競争に勝ち抜くことを目指し、敗者となった他者を「自己責任」と貶め、自分が漏れ落ちれば同じ言葉で自分自身を責める——そうした殺伐とした状況を逆手にとって、方向を反転させ、「あなたの生きづらさ」はほんの少しの運やタイミングのずれで「私の生きづらさ」でありえたかもしれない、と思いやる方向へとつなぐことが、もしできたら。そこでは、「生きづらさ」は単に忌むべきものではなく、人を人につなぐものへと、意味をずらされていくだろう。生きづらさをひとりで抱え込まず、共有する知恵が求められる。

3　リスク社会と不登校――一九八〇年代の不登校運動から二〇一〇年代の生きづらさへ

1　はじめに

本章では、不登校をめぐる一九八〇年代の状況とその後の変化を記述することを通じて、人が社会とつながるとはどういうことかを考えていく。不登校は、学齢期の子どもが貧困や疾病など合理的な理由なしに長期に学校を欠席する現象である。これは、一九五〇年代末から報告があり、二〇一〇年代後半の今にちまで続いている、子どもをめぐる問題の代表的な一つといえる。

一九八〇年代、「社会的存在になること」は、「学校に行き企業に就職する（人の妻になる）こと」にほとんど重ねられていた。そこにおいて不登校は、病理・逸脱とされ、「不登校では社会に出て行けない」と見なされていた。それに対し、不登校の子ども・親と彼ら／彼女らを援助する支援者や専門家が中心となって「不登校は病理・逸脱ではなく人生の選択のひとつだ」「不登校でも問題なく社会に出て行ける」と主張し、不登校運動が起こった。不登校運動は、不登校の子どもの権利を主張するとともに、管理的・画一的で不自由な社会を批判し、オルタナティブな学び・育ちの場を模索していった。

そこには、「学校には行かなくてもいい」と言うことが、社会を変える運動になるような文脈が存在していた。そのなかで、不登校運動は、「人が社会とつながるとはどういうことか」という根底的な問いを投げかけていった。

だが、不登校をめぐる社会背景は、それから大きく変化した。九〇年代以降、「学校から仕事へ」の一元的な移行ルートが揺らぎ、進路が多様化するなかで、不登校はかつてほど強い排除の対象とはされなくなった。だが同時に、それは、全体的に見通しが悪くなった社会におけるさまざまなリスク要因の一つとして、個人的に対処すべきものとなっている。現在では、仮に「不登校は子どもの権利だ」と主張しても、「学校に行きたくないなら別に行かなくてもいいけど、あとで進学のときに困るのは結局自分では」と返されてしまうのではないか。

こうした状況を踏まえ、本章は次の問いを考えてみたい。第一に、不登校を考えることが「社会を問うこと」になりえた背景には、いかなる社会的な文脈があったのか、という点。第二に、そうした社会的文脈が変化した現在、それでも不登校に注目し続ける意味とは何か、という点である。

私はかつて、『平成史』（小熊編著 二〇一二）の「教育」の章において、「子ども・若者と社会とのつながり」が日本社会のポスト工業化のなかでどのように変化したかについて論じた（貴戸 二〇一二)。そこでは、学校と企業のメンバーであることを通じて諸権利が保障され、正規メンバーであることそのものが規範的価値を帯びる事態を「メンバーシップ主義」と捉え、これが揺らぎゆくプロセスとして「教育の平成史」を描いた。不登校とは、そうしたメンバーシップからの漏れ落ちを代表する存在でもある。本章は言わば、「教育の平成史」を踏まえて展開される「漏れ落ちた者の平成史」だといえる。

2 「学校＋企業＝社会」

一九八〇年代に中学校で不登校を経験したひきこもり経験者の上山和樹は、当時を振り返って次のように書く。

> 勉強にまったく手がつかなくなり、「頭の中にナマリが詰まったような」精神状態になる。恐ろしくてならなかった。「このままでは、ホームレスになるしかない」
>
> 大人になっていくイメージが、強迫観念的に「一本のレール」として頭の中にインストールされてしまっていて、そのレールの上でどこまでいけるかだけが「社会人」に許された道なのだと思っていた。ドロップアウトは、死を意味した。恐ろしかった。(上山二〇〇一、四〇頁)

ここに示されているのは、「学校＋企業＝社会」という強固な前提である。学校に行くことは、企業に勤めて一家の養い手になることに直結しており、それ（だけ）がまっとうな「社会人」として生きうる道。そうした認識のもとで、不登校は学校への不適応に留まらず、この社会そのものから漏れ落ちることを意味していた。

女性では、漏れ落ちのイメージは異なっている。八〇年代に小学校五年生で不登校となったある女性は、教師に「小学校から学校に来られなくなるような人間は、将来、風俗や水商売でしか仕事をすることが出来ないだろう」と言われたと語る（NPO法人東京シューレ編 二〇〇五、八六頁）。男性中心の労働社会においては、女性にとって学校に行くことは、自分のキャリア形成のためというより「まっとうな」妻になるためのものであり、学校に行かないことは、そうした「まっとうさ」の喪失と見なされた。また、これと平行して「女性はいずれ結婚して家庭に入るので、男性ほど不登校や低学歴が問題とならない」とする言明も、珍しくなかった。だが、「不登校ではお嫁に行けない」も「どうせ結婚するのだから不登校でも大丈夫」も、女性差別の異なったかたちでの表出にすぎない。

いずれにせよ、八〇年代の不登校者にとって、学校に行かないことは、単に勉強や友人関係・親子関係といった「そのとき」の日常の失調を意味するだけでなく、自分の人生における「未来」の展望がなくなることだったといえる。

当時、不登校は否定的に捉えられていた。文部省（当時）は不登校の原因を「養育者や本人の性格傾向」に帰しており（文部省　一九八三）、学校の対応は登校強制が主流だった。不登校はそれだけで入院治療の理由になったし、民間の矯正施設などでは人権を無視した暴力的な対応が平然と行われていた。

しかし、そもそもなぜ不登校がそれほどの忌避の対象とされたのか、理由は自明ではない。当時不登校者数は増加傾向にあったが、長期欠席の出現率は中学校で一パーセント前後と極めて低い水準だった。より高い長期欠席率をマークしていた欧米の先進工業諸国では、スクール・ドロップ・アウトが問題化されるのは、一般的に、学力形成が不充分な状態で労働市場に放り出されることが若者の犯罪や失業などにつながるためであり、不登校そのものが問題化されたわけではなかった。だが日本では、不登校がもたらしうる学力不振や孤立などの結果ではなく、「学校に行かないこと」それ自体を批判するものが目立った。[1]

このように「子どもが学校に行かないこと」それ自体を問題化する視点は、子ども・若者が社会的存在となる過程のほとんどすべてを、学校・企業・家族が担い、公的サポートが不在であった日

（1）　たとえば、精神科医の鷲見たえ子は、一九六〇年の不登校に関する初期の論文「学校恐怖症の研究」において、「疾病その他の止むを得ない理由のある場合をのぞき、登校できる条件の下にありながら、登校を拒否し、あるいは自ら登校しようとしてもできない児童があるとすれば、それだけで問題であるといわなければならない」（鷲見・玉井・小林　一九六〇、二七頁）と述べている。その後、「なぜ不登校が起こるのか」という原因についてはさまざまに論じられたが、「不登校がなぜ問題なのか」については、それほど論じられてこなかったといえる。

本の制度的状況が関わっていたと考えられる。

一九八〇年代の日本社会では、開放的で均質な学校教育と、長期雇用のもとで能力開発機会と家族給を提供する日本型雇用が、新卒学卒一斉採用によって結びつくことで、多くの子ども・若者に、学校から仕事へのスムーズな移行を保障していた。それは、学力形成、職業的スキルの獲得、ジョブ・マッチング、雇用保障といった、子ども・若者が社会的存在となるプロセスのほぼすべての事柄を、学校と企業が提供する仕組だった。

そこでは、日本型雇用を実践する企業が、メンバーシップを獲得した男性正社員に対して、「滅私奉公」の長時間労働の見返りに、オン・ザ・ジョブ・トレーニングによる職業スキルの獲得、長期雇用保障による失業リスクの回避、年功賃金による「一家の養い手」としての役割遂行などを可能にしていった（鈴木 一九九四、菅山 二〇一一、濱口 二〇一三）。家庭では、主婦となった女性が家事・育児・介護を一手に引き受けることで「家族福祉」を提供し、男性の長時間労働を可能にした（広井 一九九九、宮本 二〇〇八）。また、開放的で高い均質性・統合性を達成した学校教育が、規律訓練された可塑性の高い労働者を安定的に供給するとともに、「学校経由の就職」によって入職時のマッチング機能を担った（苅谷・菅山・石田 二〇〇〇、本田 二〇〇五）。

こうした仕組は、一九六〇年代の高度経済成長期を通じて形成され、八〇年代いっぱいごろまで安定的に機能していたといえる。八〇年代を通じて、国際学力比較調査に見られる日本の子どもたちの学力パフォーマンスは極めて高く、若者失業率は他の先進工業国に比べて顕著に低かった。

ライフコースは画一的で、未婚率や離婚率は低く、家族は安定していた。七〇年代の世界不況を経た後も安定的に経済成長を続けるなかで、ブルーカラー労働者の質の高さや、労働者の職場へのコミットメントの大きさが諸外国から注目され、「成功例」と見なされた。

この仕組のもとでは、人びとは学校・企業・家族という「場」に埋め込まれることによってはじめて、ライフコースの各段階で必要となる資源や支援を手にすることができる。逆に言えば、これらの「場」から疎外されると、すなわち「学校に行き、企業に就職する（人の妻になる）」というライフコースを外れると、とたんにそこは「いばらの道」となり、必要な資源を手探りで調達しなければならなくなる。家族福祉と企業福祉が国家福祉を代替することで、子ども・若者の人的資本開発に国家がかけるコストは低く抑えられた。だがそれは、家族からも企業からも疎外された人にとっては、個人として利用可能な福祉資源が乏しくなることだった。八〇年代の不登校児が「大人になったら自分もそうなる」と怯えた「ホームレス」とは、まさにこの家族福祉からも企業福祉からも見放された人の象徴に他ならない。学校が企業と、ひいては社会と重ねられる文脈において、学校から撤退する不登校は、「この社会」から漏れ落ちた存在と見なされたのである。

このように、「社会」が学校・企業・家族という「場」の複合体として経験されることは、特に高度成長期からバブル崩壊頃までの日本を特徴付ける制度に根差した、ある意味で「日本的」な事態だった。

アメリカの社会学者であるメアリー・ブリントンは、日本における九〇年代以降の高卒就職市場の流動化に関する研究のなかで、次のように書く。「日本の社会では、学校や職場、家庭生活などの安定した「場」に属することが人びとのアイデンティティーや経済的な成功、心理的な充足感の源としてきわめて重要な意味をもってきた。日本人にとって、「場」の喪失がもつ意味は大きい」（ブリントン二〇〇八、七―八頁）。

だが、「場」の意味はおそらく、アイデンティティや経済的基盤、心理的充足の源泉であるにとどまらない。個人的な利益や快の問題だけでなく、「それが自然だ」と「場」への所属を自明視し、「場」に属すること自体を自己目的化するような、根深い規範的態度が存在してきた。

これについては貴戸（二〇一二）で「メンバーシップ主義」として論じたためくり返さないが、以下に象徴的な例を挙げておこう。厚生労働省による賃金構造基本調査は、「標準労働者」を「学校卒業後直ちに企業に就職し、同一企業に継続勤務している労働者」としている。同調査では他にも「一般労働者」という概念があり、これは「短時間労働者以外の労働者」を指すものとされる。英訳すれば、「標準労働者」は standard worker、「一般労働者」は general worker である。だが、英語で standard worker といえば一定の雇用と賃金を保障された常用労働者を指し、これは賃金構造基本調査で言う「一般労働者」に近い。すなわち、「一般労働者」と区別された「標準的なライフコースを歩んでいる労働者」という意味での「標準労働者」に相当する英語表現はない。このように、「場」から「場」へと所属を切らすことなくキャリアを積み上げていくことが、日本では規範的な価値を帯びていた。そこでは、「履歴書の空白」は単なる「ゼロ」ではなく、「マイナス」に見られてゆく。

このような仕組のもとで、「学校に属していること」は、手段ではなく、目的である。そこでは何よりもまず、「所属が切れ目なく続いていて、履歴書に空白がないこと」が重視される。結果として、不登校に対する寛容度は低くなる。不登校が「悪い」とされるのは、勉強が遅れるとか、社会性が育たないなどの「合理的な」理由によるのではない。そうではなく、不登校が「学校と企業、すなわち社会」を貫くメンバーシップ主義を侮辱し、「きちんとした人生」から外れると見なされるためだ。

3 「場」に包摂されて生きる息苦しさ

では、「場」に包摂される人生は、「幸福」だったのだろうか？　もちろん、人生の見通しのよさと生活の安定を得ることは、人びとに安心や充実感をもたらしただろう。だが他方で、「場」に所属して生きる以外の道が見えない状況は、個々の人生の主観的意味づけにおいて、必ずしも幸福にのみではなく、閉塞感や不自由に結びついた側面があった。この点は、後述する不登校運動の意味を理解するために重要であるため、少し丁寧に見ていこう。

一九八〇年代当時、日本の学校はきわめて管理的・画一的であり、教師や生徒による暴力・ハラスメントや人権に抵触するような校則などが平然と存在していた。[2]

八〇年代前半にはいわゆる「校内暴力」が社会問題化していた[3]。文部省は一九八三年に初めて校内暴力に関する全国調査を行い、「公立中学校の七校に一校の割合で校内暴力が発生している」事態が明らかになった。一九八〇年、三重県の中学校で、生徒二十数人が教員十数人に暴行する事件が起きた。一九八五年には、青森県の中学校教師が生徒の校内飲酒を注意したところ殴られ、くも膜下出血で死亡した。教師による暴力も苛烈であり、一九八五年には、修学旅行に禁止されていたドライヤーを持ってきた岐阜県の男子高校生が、引率教員から暴行を受けショック死している。

こうした状況の下、生徒の「荒れ」に対応するために、いわゆる「管理教育」が行われていった。それは、体罰を含む厳格な生徒指導や、男子生徒に丸刈りを強制し女子生徒の前髪の長さや髪ゴムの色を制限する校則などを含むものだった。こうした問題を描いた小説に、いじめや体罰が存在する中学校を舞台に不登校になる娘・夏実とその母親の葛藤を描いた『黄色い髪』(干刈 一九八七)がある。この小説の冒頭では、教師が生徒の身だしなみをチェックする「頭髪検査」の場面が描かれる。

「今日は頭髪検査の日だな。それと、今日から夏服になったので、あわせて服装検査もする。中央列にむかって」と手を前に出してその位置を示し、突然大声で号令をかけた。

「右むけー左」

先生は、黒板に向かって左端の最前列から検査を始めた。最初の男子の頭髪の中に指をつっこみ「よし」と言い、それから洋服を上から下へと見て、また「よし」と言った。（中略）先生はつぎの女子のところへ行った。「よし」と言う声はなかなか出てこず、見られている吉田典子は下を向いている。

「吉田、前髪が眼まで垂れてるな。自分でわかるだろう、うっとうしいんじゃないか？」

「今日行きます」

吉田典子が、一応型どおり答えておくというように言った。また何人かに「よし」と言ってから、藤山里子の前に立った先生がつと手を伸ばすと、里子がおびえたように少し後ろに下がった。

「まあいいだろう」

蒲田先生が自分の前に立ち、その視線が注がれた時、夏実は全身が粟立つような感じがした。「よし」と言って先生は通り過ぎた（同書、一三頁）。

（2）　こうした問題は、過去のものではない。二〇一〇年代の今にちでも、いじめやスクールセクハラなど学校における暴力や、人権に抵触する校則などは依然として存在している。たとえば、二〇一七年には大阪府の女子高校生が、生まれつき茶色い髪を学校から黒く染めるよう強要され不登校になったとして、「人格侵害」を訴え損害賠償を求めた。

（3）　以下の校内暴力に関する記述は、日本児童教育振興財団編『学校教育の戦後七〇年史』八八―八九頁、および九二―九三頁に基づいている。

この小説ではほかにも、「後輩は先輩の前で立ち止まってあいさつする」「校舎に入る前に一礼する」「天然パーマの者は生まれつきである旨を学校に報告し「異装届」を出す」などの規則が描かれる。学校のルールは絶対だが、その合理的な意味は語られず、「管理のための管理」にほかならない。これはフィクションだが、朝日新聞の連載小説であり広く読まれたことを考えれば、八〇年代の中学校を象徴する風景であったと考えてよいだろう。

閉塞感を強める学校のなかで、子どもたちのストレスはいじめに向かった。一九八六年には、東京の中野富士見中学校の二年生の男子生徒がいじめを苦に「このままじゃ生きジゴクになっちゃうよ」という遺書を残して自殺し、いじめ問題に対する社会的関心が高まった。この事件では、加害者による「葬式ごっこ」に教師が加担していたことが発覚し非難が集まった。

この時代には他にも「教育の闇」を示す象徴的な事件が多数起こっている。一九八〇年には、受験に失敗した二〇歳の予備校生が東大卒の父親と母親を殺害した川崎市の「金属バット殺人事件」が起こり、加熱する受験競争やエリート主義が非難された。一九九〇年には、神戸で「校門圧死事件」が起き、厳密な遅刻管理のため定時になると教師の手によって閉められる校門に挟まれ、一五歳の女子生徒が死亡した。一九七二年から一九八八年までは、後に国会議員・世田谷区長となった保坂展人による「内申書裁判」があった。これは、東京の麹町中学校において、学校への反抗から内申書を悪く書かれ普通高校に進学できなかった原告による訴えであり、内申書を盾に取った生徒管理の不当さが注目された。また、八〇年代を通じてマスメディアに注目された「戸塚ヨットスクール事件」では、一九七九年から一九八二年にかけて、不登校などで預けられていた訓練生が死亡したり行方不明になったりしたことが明らかになった。

個々の事件はある種の極限形であり、一般化できるとはいえないかもしれない。しかし、こうした事件は多くの人にとって、身のまわりで「起こってもおかしくない」と感じられたからこそ、広く注目されたと考えることができる。これらの事件の背後には、暴力やハラスメントに晒され、管理されながら競争に駆り立てられる子どもたちの日常があった。

逃げ場のないなかで不自由さを耐えねばならない状況は、学校だけでなく、企業にも存在した。企業においては、会社員は生活保障と引き替えに勤務地や勤務時間、業務内容を個人的に決定する自由を持たなかった。

経済学者の鈴木良治は、工場労働者の勤労意識を国際的に比較したデータを参照し、「日本の労働者の勤労意欲と職務満足度が、その激しい働き振りを説明できるほどには決して高くはない」(鈴木 一九九四、iv頁)という事実に注目する。鈴木によればその理由には、労働者の自発性・意欲や組織との協調を促す日本企業の慣行や制度が、その前段階として組織への同調以外の道を閉ざしており、「事実上の強制」を含んでいたことがある(鈴木 一九九四、一六八頁)。経営・管理層に対して異議を唱えることはできない。だが、企業のやり方に同調すれば、生活の安定や出世が約束される。そうしたなかで多くの労働者は、仕事に対する満足は決して高くないにもかかわらず、職場に殉じて苛烈に働くことを「選択」していった。キャリアの安定と見通しのよさの裏側で、人生の選択の幅の狭さに鬱屈を抱えていた人は少なくなかったと考えられる。

こうした「企業的価値に同調するしかない」状況は、「過労死」に結びつくこともあった。過労死は、七〇年代の世界不況後に極限まで経営合理化を進めるなかで生じ、海外メディアも含めて広く注目された（稲木・上畑ほか 一九八九、中生加 一九八九）。たとえば、ある自動車会社の実態は、次のようなものだった。「生産現場では八〇年代に入ってほとんど切れ目なく月五〇—六〇時間、年間六〇〇—七〇〇時間の残業が蔓延化してきている。ラインスピードも一〇年ほど前までは六〇秒を切るというのが大変な出来事だったが、今では一番速いラインは四三秒になっている。ビス一本落とせばそれも拾えない状況である。こうした極限状況の《合理化》で自殺や過労死だけでなく、胃腸病、腰痛、頸腕・視力障害などの健康破壊がひろがっている」（同書、三三—三四頁）。企業の庇護のもとで安定を手にすることは、時にこのように、生命体としての健康が失われることにすらかまわず、組織の競争に借り出されていくことを意味した。

また、日本的企業における能力主義は、「生活態度としての能力」（熊沢 一九九七）を重視していたため、企業における競争は家庭という私的生活を巻き込むものとなった。それは、「会社員の妻」となった女性にとっては、「夫」の所属する組織に自らの人生をゆだねながら、家事・育児・介護の負担を一手に引き受けることを意味した。木下律子による『妻たちの企業戦争』（一九八八年）では、「海外赴任の際には妻が同行しなければならず、単身で赴任する社員は出世できない。同行を免れうる理由は舅姑の介護と子どもの進学のみ」「妻が夫の職場のハイキングに出るかどうかが夫の出世に影響する」「平社員の妻が役員の妻に露骨なおべっかを使い、役員の家で掃除や洗濯をして夫の出世を助ける」などの滑稽かつ陰鬱なエピソードが描かれる。

さらにいえば、企業に囲い込まれる夫の都合に合わせて自らのキャリアを犠牲にする妻は、子どもにとっては母親である。こうした母親は、自分の達成意欲を子育てによって満たそうとするだろう。子どもを受験勉強に追いたてる母親の背後には、このような事情もあったと考えられる。「場」に包摂されることは、自主性を抑圧され、生活を組織内の競争と協調に従属させていくことと表裏一体であった。

こうした時代にあって、「標準的なライフコース」からの早期の離脱としての不登校は、二重の意味を帯びることになった。一つは、「不登校では将来まともに働けない」という語りが示すような、「社会からの逸脱」という面である。これは支配的な見方であり、学校に行かないというだけで子どもや親の存在すら否定するものだった。しかしその一方で、不登校は、不自由で画一的・管理的な空間からあえて退場することでそうした空間の在り方を見直すという「社会批判」の側面を持っていた。以下では、この社会批判の側面を取り上げた不登校運動について見ていこう。

4　不登校運動の興隆

一九八〇年代、不登校は、校内暴力やいじめと並ぶ代表的な教育問題の一つとされていた。当時の不登校に対する一般的な認識は、「不登校は病理・逸脱であり、不登校の子どもは将来社会に出て行くことが難しい」というものだった。文部省の見解もまた、不登校の原因を子どもの性格や不適切な養育者の態度などに帰しており、対応は学校復帰を直接的に目指す登校強制が主だった。

だが、不登校に対する強い否定は、翻って「不登校のわが子」「不登校のわが身」を受容・肯定するために、「この社会」のあり方を根底から問わざるを得ないような状況を作り出した。そうしたなか、一九八〇年代半ば頃から、不登校の子を持つ親や彼ら・彼女らを支える支援者、専門家らによって、不登校を否定する価値に異議を唱え、不登校の権利を主張する動きが展開されていった。本章では、この動きを「不登校運動」と呼ぶ。

不登校運動は、地域の個々の親の会に根ざしながら緩やかに連携した人びとによって全国的に広まっており、必ずしも中心的な組織を持たない。とはいえ、国府台病院に勤務していた児童精神科医の渡辺位《たかし》のもとに集った不登校の親の会「希望会」を母体として、一般に開かれた親の会である「登校拒否を考える会」が設立された一九八四年ごろ（登校拒否を考える会 一九八七、三四頁）や、一九八五年にそのメンバーであった奥地圭子がのちに「東京シューレ」となる学校外の子どもの居場所を開設したあたりを、不登校運動のスタートの時期と見ることができるだろう。そこでは、不登校を逸脱と見なす社会に異議申し立てがなされつつ、「子どもが社会的存在になるとはどういうことか」「学びや育ちは学校でしかなされないのか」といった根源的な問いが提起されていった。

不登校運動の主張は多様だが、その核には、（1）脱病理化、（2）社会問題化、（3）オルタナティブの構築による選択化、という三つの要素があるように思う。

第一の「脱病理化」は、「不登校は病気ではない」という主張に端的に示される。なぜ、「病気ではない」と言うことが不登校の価値の回復になったのか。それを理解するには、今の不登校につながる「合理的な理由がないにもかかわらず子どもが学校に行かない現象」が、いかに概念化され、一般に広まったかを知る必要がある。

この現象は初め、一九五〇年代末に児童精神医科医らによって「学校恐怖症」「登校拒否症」など神経症の一種として医療化された。その後、七〇年代半ば以降の不登校者数の増加と多様化のなかで、医療言説における母子分離不安説や神経症説は、「不登校は親の育て方が悪い」「本人の神経症的な性格傾向に問題がある」などと俗説化して流通した。不登校に対する入院治療や投薬治療は一般的に行われており、なかには子どもの同意なく精神科に入院させ拘束するなど、人権的に問題がある措置がとられていた例もあった。[4] すなわち、不登校を「病理＝治療すべきもの」とすることが、「この社会から漏れ落ちた者」として価値を剥奪することに重なるような、言説の布置が生ま

（4）たとえば精神科医の高岡健は、一九八〇年代に精神科医・稲村博によって行われていた「X精神病棟」における入院治療の問題性を指摘する。そこでは、「欠席日数のリミットが迫っている」「不登校の期間が長引いている」などの理由で、強制的に閉鎖病棟に入院させるケースが見られたという。入院中は、入院後二週間の通信面会の禁止、保護室のベッドへの拘禁、逃げ出す患者の連れ戻しなどが行われていた（門・高岡・滝川 一九九八、八二―八五頁）。

れていった。
そうした状況に抗し、初期の不登校運動を牽引した精神科医の渡辺位は、学校に行かない子どもを病理化する精神医療に疑問を投げかけ、次のように主張した。

登校拒否は子どもが危機を感じている学校状況に対して無意識に取る防衛的な回避反応であり、健康な反応であって、異常や病的なものでないと考えてよい。それはちょうど、腐ったものを気づかずに食べたときに生じる下痢にたとえることができる。このさいの下痢は、誤まって食べた腐敗による毒物を、からだのなかに吸収してしまわないうちに一刻も早く対外に排出して、生命を危険から守ろうとする本能的な防衛機能によるものである。つまり、身を守るために腐敗物を拒否しようとして生じてくるこの下痢症状は、病的なものではない健康的な反応である。その意味からも、登校拒否は現在の学校状況がどんな子どもにとっても不当であり、危機的な状況となっているかを示すものである（渡辺一九八三、二五〇—二五一頁）。

ここでは、「異常や病的」なのは「現在の学校状況」であって、そこから撤退することは「健康な反応」だと見なされる。そこにおいて、脱病理化の主張は、社会問題化の主張に接続される。東京シューレの創立者であり、自身も不登校の子を持つ母親であった奥地圭子は、『登校拒否は病気じゃない』（一九八九年）という象徴的なタイトルの著書のなかで次のように語る。

私が「登校拒否を考える会」や「東京シューレ」で出会ってきた子どもたちのケースは、いじめによる登校拒否がもっとも多く、そのほか、いまの学校があまりにゆがんでいるために生じているいろいろなことが起因しています。体罰や細かい校則に象徴される管理主義教育や、点数による競争と選別の教育が子どもを息苦しくしています。また、友人関係で傷ついたり、教師への信頼感を失ったりもしています。具体的な問題は何もないという場合でも、子どもの個性と学校があっていないことから生じている拒否もあります。

つきつめていえば、登校拒否は学校の問題抜きに語れることではなく、登校拒否になった子ども個人を治療するという発想は、さかさまなのです。つまり、あえていえば、治療されるべきは学校ではないかと私は思います（奥地 一九八九、八―九頁）。

社会問題化の視点は、不登校を個人病理とするのではなく社会病理の表れと見ることで、不登校の価値を回復するとともに、広く一般社会に問題提起していく射程を持った。

これは、第三のオルタナティブの構築と選択化というリベラルな主張へとつながっていく。さらに奥地の言葉を引用しよう。

「学校へ無理に行かなくてもいいっていいながら、ほかに行けるところがないんじゃや、無責任になるね。子どもは家庭だけじゃや、ものたりないものね」

「学校に行かないで、子どものやりたいことを満たしてやれるところがないかしらね」私たちは、そんな話をしあっているうち、「親・市民の手で、そういう場をつくりだそう」という姿勢になってきました。ささやかでも、具体的に「学校の外の子どもの場」をもつことによって、学校しかない状況を変えて行きたいと思ったのです。〝学校制度のなかの学校〟以外にも子どもたちの居場所がたくさんあって、子どもたちがいろんなところで成長できるように。

こう考えて、一九八五年六月、学校外の学びと交流の場である「東京シューレ」を開設しました。いわば、親・市民の手作りによる〝もう一つの学校〟であり、草の根の〝子どもの居場所づくり〟であったわけです（奥地 一九九一、七頁）。

こうして出来た東京シューレは、その後さまざまな展開を経て、日本のフリースクールの代表的存在となった。二〇一八年現在では、ＮＰＯ法人・学校法人として、フリースクール事業を中心に、私立中学、ホームエデュケーションの家族をつなぐ「ホームシューレ」、一八歳以上の若者のための学びの場である「シューレ大学」などを運営している（東京シューレホームページより）。

このように立ち上げられたオルタナティブな場では、「学校に行かない生き方を選ぶ」という選択の主張がなされていった。東京シューレの初期の会員であった、小学校四年生から学校に行っていない当時一六歳の男性は以下のように語る。

学校に行く、行かないは、おおげさに言えば人生の一つの選択に過ぎないと思うのです。ですから学校をこよなく愛する人たちには、皮肉ではなく未来永劫学校に行ってもらえれば、それはそれで誠に結構な事だと思うのです。自分にあった勉強の仕方、自分にあった生き方、それが大事なのだと思うのです。大人は憲法二十二条職業選択の自由アハハーンを振りかざして、堂々と愛想のつきた会社をやめることが出来ますが、なぜ子どもは堂々と愛想の尽きた学校を辞める事が許されないのでしょう（東京シューレの子どもたち編 一九九一、六―七頁）。

前節で見てきたような閉塞的な学校の状況と不登校に対する否定的な価値に照らせば、このような言説がいかにインパクトを持ったかは想像にかたくない。不登校はそれだけで「悪い」ことであり、不登校の子どもは落ちこぼれで、性格が暗く、ひ弱。そんなイメージに反して、この男性はユーモアを交えながら「愛想の尽きた学校」を辞めて「自分にあった生き方」を選ぶ、というのだ。「学校をこよなく愛する人たち」という言葉は、不自由で管理的な学校を「みんな行っているから」「がまんするしかない」と受け入れている大多数を挑発して「本当にそうか？」と問いを突きつける。「不登校の当事者」という象徴的な存在がそのように語るさまは、ある種の文脈では胸の空くような社会批判となった。

このように、「学校に行く／行かないは選択の問題」というリベラルな言明は、当時の文脈では、社会変革の主張だった。それは、字義通り「学校に行く人生」と「行かない人生」を並べ比べていずれかを選ぶ、とするものではなく、不登校や学校外の居場所を「選択した」と状況定義してみることで、「「場」が隙間なくこの社会を覆っており、漏れ落ちたら生きていけない」という感覚に、疑問を差し挟むものだった。

不登校を「選択の問題」とする主張が、運動的な主張でありえたひとつの背景として、日本においては、オルタナティブな学校がないというより、そもそも「学校のオルタナティブを構想するという発想そのものがない」状況があったことを指摘できる。教育社会学者の苅谷剛彦は、第二次世界大戦後の義務教育学校における平等が、どのように達成されたかを財政的に検討し、インフラ不足や財政難、都市・地方格差などの困難な時代的条件のもとで、平等は学級という「面」を単位とした単一規格化・標準化と重ね合わせられながら成立したことを明らかにしている（苅谷 二〇〇九）。そこでは、「同じ設備で、同じカリキュラム・教科書で、同じような教師から教育を受ける」ことが平等だと見なされ、欧米のように「一人ひとりに合った多様な教育」を平等と見なす発想は薄い。すなわち、日本において「学校以外の選択肢」を示すことは、社会の前提を受け入れた上で「もう一つ」の道を示すことではなく、よりラディカルに、社会の前提そのものを問うことだった。

ここにおいて、不登校運動の主張は、個々の子どもや親の人生経歴や自尊心の問題から出発しつつもそれを超えて、教育の在り方や子どもの人権をはじめ、より広い社会的関心を集めうる主題に接続していった。たとえば、日本に不登校運動言説について社会学的に研究したソ・フェイ・ウォンは、東京シューレや「登校拒否を考える会」とつながりの強い「不登校新聞」（一九九八年創刊）

の記事を分析し、不登校運動が「不登校市民」というべき人びとによって担われており、不登校がフェミニズムや環境問題、差別問題など現代社会の構造的な問題との関連の中で捉えられていたことを指摘している（Wong 2008）。自分自身や我が子が経験した不登校を問うことは、そのまま「この社会」の問題を問うことにつながっていたのだ。

一九九〇年代に入ると、文部省の不登校見解は、病理・逸脱的な不登校理解から距離を取るようになる。「学校不適応対策調査研究協力者会議」の中間報告（一九九〇）、最終報告（一九九二）では、「不登校はどの子どもにも起こりうる」という認識の転換がなされ、対応も登校強制から「見守り」へと変わっていった。この変化は、「「登校拒否を考える会」や「学校外の居場所」などの活動が成功した」ものと解釈された（朝倉 一九九五、八〇頁）。

以上に見てきたように、一九八〇年代における不登校は、学校・企業・家族という「場」への所属が決定的に重要視される社会的文脈のなかで、「この社会」からの逸脱と見なされた。それは、子どもにとっては自分の未来や生そのものを否定されることであり、親、特に母親にとっては自分の「子育て」を否定されることで、家庭生活の責任者である妻・母として「失格」の烙印を押されることだった。だが、同時にこうした状況は、「漏れ落ちたこの身」に照準することで、漏れ落とす「この社会」の問題を逆照射することを可能にしていたといえる。不登校の子どもや親の権利を主張した不登校運動は、その延長線上で、不自由で画一的な「この社会」を批判的に問い直す射程を持った。

5　リスク化・個人化

だがこうした状況は、一九九〇年代半ば以降、揺らいでいく。学校・企業・家族が相互に連携して子どもの人的資本開発を担う「場」のシステムは、維持されつつも、徐々に多くの人びとを漏れ落とすようになっていった。それは、不登校の持つ意味が「社会問題」から「個人の問題」へと変わっていくなかで、「学校に行く、行かないは選択の問題」という不登校運動のリベラルな言説が、社会変革ではなく個人の権利主張を示すものへと横滑りしていく過程でもあった。

学校から仕事への移行がどのように揺らいだかは、前著（貴戸 二〇一一）に書いたのでここで詳細はくり返さないが、ポイントを以下に述べる。

一九九四年、バブル崩壊後の不況のなか、「就職氷河期」が流行語大賞になり、若者を学校から仕事へと押し出す移行システムのゆらぎをしるし付けた。翌一九九五年には、日本経営者団体連盟（日経連、現在は日本経済団体連合会［経団連］）が「新時代の「日本的経営」：挑戦すべき方向とその具体策」を打ち出し、長期にわたる雇用保障と家族を扶養できる所得保障を伴う男性正社員モデルの見直しを提案した。

そうしたなか、若者雇用は劣化し、若年世代のキャリアは不安定化していった。若者の失業率・非正規雇用率は増加した。高卒新卒就職市場は九〇年代を通じて大きく縮小し、「高卒以下の学歴ではまともな就職ができない」状況が出現した。大学進学率は一九七〇年代初頭から一九九〇年代初頭まで三〇パーセント台だったが、その後上昇に転じ、二〇〇四年以降は五〇パーセント超えた（浪人含む）。同時に、一八歳人口は、第二次ベビーブーマー世代が当該年齢に達した一九九二年に二〇四万人だったのが、その後減少の一途を辿っていく。大学入試をめぐる状況は変化し、「厳しい受験戦争」が一部の大学を除いて消滅するなか、家庭の経済格差がますます若者の大学進学に影響を及ぼすようになった（小林 二〇〇八）。職業的自立のハードルが高くなり、離家できず親元で暮らし続ける若者が増え、未婚化・晩婚化が加速した。

さらに、市場原理の適用領域拡大によるコスト削減を志向するネオリベラリズムのもと、格差・不平等の顕在化と自己責任の強調が同時進行するという事態が生じた。構造的不平等の認知は、「このような不正義を許しておけない」と社会的連帯の基礎となるよりも、「劣位の位置には行きたくない」という差別心や、「どうせムリだ」という諦めを個々に呼び起こし、不本意な状態を個人の問題と捉える回路が拡大していった。(5)

そこにおいて、〈社会からの漏れ落ち〉は、特定の状態や属性にある人が、その状態や属性を理由に一様に引き受けさせられるものから、個々がそれぞれの人生のなかで個別的に引き受けるものへと変化していった。従来どおり学卒新卒就職で正社員になっていくルートが縮小しつつも規範的な意味を持ち続ける一方で、有名大学・大学院を卒業しても無業や不安定就労の状態にある者や、

（5） 例えば、本章前掲の朝日新聞（二〇一八年四月五日）を参照。

逆に逸脱経験やマイノリティ属性を持っていても「克服と成功」の物語を描ける一部の人が、注目されるようになった。その傍らで、特に高学歴でなく「克服と成功」の物語を描けない「普通の人」が、新たに漏れ落ちていくこととなった。

「不登校していると将来は失業者になる」とは、もはや言えない。「学校へ行っている者」であっても、失業するかもしれないからだ。それは同時に、「学校に行く・行かないは選択の問題だ」という主張が、字義通り「個人の選択」の問題となり、社会変革という意味合いを失っていく状況の出現でもあった。「不登校はどの子どもにも起こりうる」という一九九〇年の文部省の認識転換は、「社会問題としての不登校」の終焉であると同時に、不登校の個人化・リスク化の幕開けであったと振り返ることもできる。

一九九〇年代、不登校運動は勢いづいて広まりを見せた。一九九〇年には全国の親の会が交流し連携して活動する拠点として「登校拒否を考える各地の会ネットワーク」(のちの「不登校・登校拒否を考える全国ネットワーク」)ができた。「居場所」「フリースクール」「フリースペース」と呼ばれる場も全国に広まり、「フリースクール全国ネットワーク」が二〇〇一年に誕生している。一九九二年以降、そうした民間施設への出席が学校での出席扱いになる可能性がひらかれたり、民間施設に通う際に通学定期が適用されたりするなど、運動は具体的な成果をあげていった。当事者の手記も盛んに出版され(『学校に行かない僕から学校に行かない君へ』(東京シューレの子どもたち編 一九九一)、『子どもたちが語る登校拒否』(石川・内田ほか編 一九九三)、『僕らしく君らしく自分色』(東京シューレの子

どもたち編 一九九五〕)、不登校の子どもが「異常」視されるべきでないことや学校外の居場所の意義が広く訴えられた。

しかし、二〇〇〇年前後以降になると、状況は変わってくる。東京シューレスタッフや不登校新聞の編集長を務めた山下耕平は、二〇〇〇年前後以降の不登校を取り巻く状況について、「学校信仰は相当に揺らいでいる」「不登校への偏見は弱まり、学校は相対化され、フリースクールなど学校外の居場所も一定の認知は得てきている」としながら、次のように書いている。

学校が相対化されたならば、不登校の子どもたちはラクになっているはずだ。しかし、現象的にはラクになったように思える面がある一方、子どもや若者たちの不安は、以前よりずっと深くなっているように感じる。なぜだろう?

ほんとうに学校に行かなくても大丈夫ならば、もっと学校に行く人は減ってもおかしくない。受験競争ばかりが過熱するのではなく、もっと多様な生き方にひらかれていってもいいはずだ。しかし実際には、むしろ高学歴化は進んでいる。学校に行っている人も不安、行っていない人はなお不安、みんなが迷子で、ものすごく不安になっているように感じる〔山下 二〇〇八、二―三頁〕。

ここには、不登校の脱問題化が進むとともに、不登校運動の拠って立つ「制度対非制度」という足場が掘り崩され、方向性が見失われていく感覚が綴られている。

二〇〇〇年代以降、不登校運動は多様化・拡散し、教育の規制緩和の流れのなかで部分的に制度に参入していく。民間のフリースクールの一部は、中学校や通信制高校のサポート校に転化するなど、柔軟化する学校制度のなかへ進出していった。東京シューレはフリースクールを維持したまま、構造改革特区制度に採択され、二〇〇七年からは私立中学を運営するようになった。自治体と民間の支援団体の連携も進んだ。たとえば川崎市では、民間で不登校支援を行ってきた団体と市が提携し、二〇〇三年より公設民営の不登校の子どもの居場所である「フリースペースえん」が立ち上がった。

「学校＝社会そのもの」という学校信仰の失効は、「学校に行かないことそれ自体」を非難するまなざしを緩めた。だが、それに次いで現れたのは、「学校に行かない結果」の不利益を不登校のリスクとして語っていく態度だったといえる。

それを象徴するのが、不登校を「その後」との関連で問題化する議論だった。

ひとつには、一九九〇年代末ごろから注目されるようになった「ひきこもり」が挙げられる。精神科医の斎藤環は、この問題への社会的関心を喚起した著書『社会的ひきこもり』（一九九八年）において、一九八〇年代のひきこもり事例八〇例を検討し、六八・八パーセントにきっかけとして「不登校」がみられたとしている（斎藤 一九九八、三三頁）。斎藤は「不登校全体から見て、「社会的ひきこもり」状態にまでいたる事例は、それほど多くはない」（同書、三六頁）としつつ、「不登校の一部が長期化して、社会的ひきこもりへと移行することも厳然たる事実」（同書、三九頁）だとした。

また、文部科学省は、二〇〇三年の通知「不登校への対応のあり方について」において、「不登校を「心の問題」としてのみとらえるのではなく、「進路の問題」としてとらえ、本人の進路形成に資するような指導・相談や学習支援・情報提供等の対応をする必要があること」と述べ、不登校後の就労を焦点化した。

この通知の背景には、文部科学省の委託により「現代教育研究会」が実施した「不登校に関する実態調査（平成五年度不登校生徒追跡調査）」があった（森田編著 二〇〇三）。この調査は、中学三年時に不登校だった人のうち、二二・八パーセントの人が、五年後の時点で「就学・就労ともにしていない」状態にあることを明らかにした。[6] また、「人とのつながりや職場や学校という場へといったんつながりをもてば、その人は、その後の生活でも社会との接点を保ち、社会的な場での自分なりの位置を持ち続けていく方向へと向かう「正の連鎖」の確立がきわめて大きい」としながらも、一

（6） その後行われた二〇一一年の調査では、この数字は一八・一パーセントに縮小している。一九九九年の調査と二〇一一年の調査を比較すると、高校進学率は六五・三パーセントから八五・一パーセントに高まり、高校中退率は三七・九パーセントから一四・〇パーセントに下がるなど、全体的な改善が見られる（文部科学省 二〇一四「不登校に関する実態調査：平成一八年度不登校生徒に関する追跡調査報告書」http://www.mext.go.jp/a_menu/shotou/seitoshidou/1349949.htm、二〇一八年三月三〇日閲覧）。

方で、「人との接点や社会との場へのつながりを形成し損ねた場合には、その後の機会においてもつながりの場をもち損ねる「負の循環」への確立が高くなる傾向がある」ことが指摘された（森田編著 二〇〇三、三七頁）。

こうした「その後」のキャリアとの関連で不登校を問題化する議論は、「問題のない不登校」と「問題のある不登校」を分断し、現在の不登校を将来的に「問題のない不登校」にしていく取り組みの必要性を強調するものだったと言える。

不登校に対する寛容度は高まり、選択肢は増えた。だが、それは、将来が不安定になること、不利益を被った場合に「自己責任」とされることと引き換えだったと言える。不登校は個人的に対処すべきリスクとなり、「学校に行く／行かないは選択の問題」という主張に対しては、「別に行かなくてもいいけど、不安定な進路は自己責任ね」という暗黙の応答がなされていくことになる。

また、二〇〇〇年代以降は、学校に馴染まない子どもが「発達障害」として析出されていった。二〇〇四年には発達障害者支援法が成立し、二〇〇六年からは特別支援教育が学校教育法に位置づけられた。発達障害の増加は、さまざまに指摘されており、文部科学省の調査協力者会議による「通常の学級に在籍する発達障害の可能性のある特別な教育的支援を必要とする児童生徒に関する調査結果について」は、二〇一二年の時点で小中学生の六・五パーセントに何らかの発達障害があると結論付けた。この数字は多すぎると考えられるが、発達障害の増加は専門家によっても認知されており（Wing 1996：邦訳書 一九九八）、その理由は、診断基準と症例確認技術の変化（石坂 二〇〇七）や、「第二次産業時代の学校システムが崩壊し、いたずらにコミュニケーションを強いる第三次産業時代が到来したことによる矛盾を、子どもの個人責任へ還元して覆い隠す役割」（高岡 二〇一三、一九頁）などに結び付けて理解されている。

先に見たように、不登校の「脱病理化」「社会問題化」「選択化」という不登校運動の主張は、一九八〇年代の文脈では、一体となって「個人が社会的存在となるとは何か」という問いを支えていた。ところが、新しい文脈では、不登校は脱社会問題化されるとともに、「選択」として個人化され、あるいは一部が発達障害として再び病理化されており、不登校運動の主張は寸断されざるをえなくなっている。

総じて、現代の子どもたちに投げかけられる社会からのメッセージは、「自由に選んでよい。ただし、自己責任で自立せよ」というものになっている。不登校でも個人的な努力や幸運によってキャリアを切りひらく存在が受容される一方で、学校に行っても安定雇用が得られる保障はなく、不登校により低学歴にとどまれば、一般的に労働市場での競争力を失う現実がある。

実際に、不登校が進路形成上のリスクとなることは、二〇一一年の不登校の追跡調査（不登校生徒に関する追跡調査研究会 二〇一四）でも示されている。この調査によれば、全体の高校進学率が九八・二パーセントであるのに対し、不登校を経験したグループでは八五・一パーセントである。高等教育への進学率は、全体が五三・九パーセントであるのに対し、不登校経験者では二二・八パーセント。さらに、就職・就学ともにしていない人の割合は、全体が五・四パーセントに対し不登校

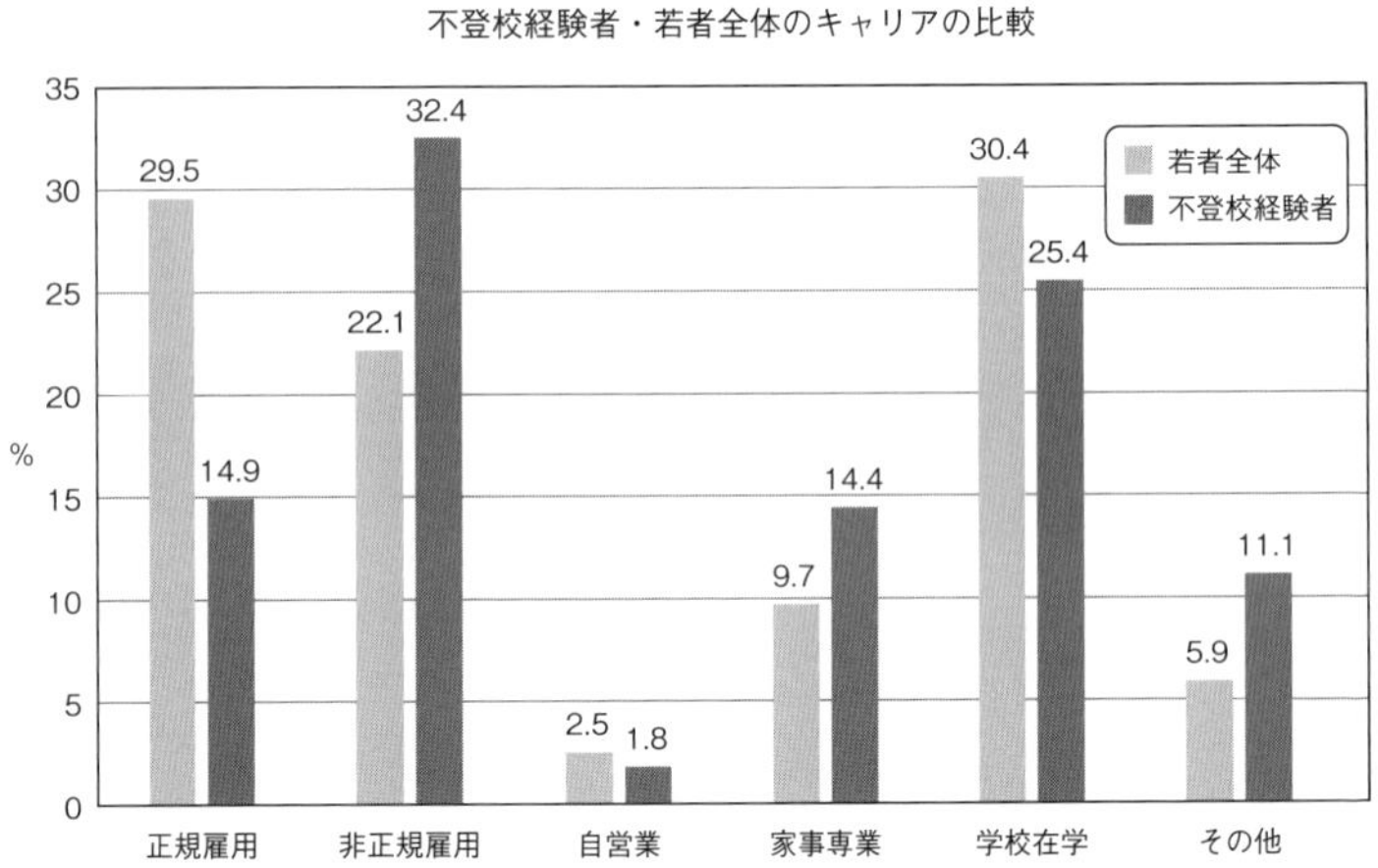

図3-1　内閣府「若者の考え方についての調査」（貴戸2013）をもとに著者作成

経験者は一八・一パーセントである。

また、進路上のリスクは不登校を経験した人だけでなく、すでに述べたように、一般の若者も晒されているものであり、不登校経験者はそのリスクが相対的に高いにすぎない。グラフは、内閣府が二〇一二年に実施した「若者の考え方についての調査」をもとに、不登校を経験した人と、若者全体の調査時の状態を比較したものである（図3―1）（貴戸二〇一三より再分析）。

不登校を経験した人は、若者全体に比べて、「正規雇用」「学生」の割合が低く、「非正規雇用」などの割合が高い。とはいえ、非正規雇用の割合は、若者全体でも四分の一弱を占めており、決して低くない。

「不登校によるリスク」はあくまでも統計的に、「全体としてみればこのような傾向がある」という形で示されるものに過ぎない。個々の人生経路を見れば、不登校であっても大学に進学し、正規雇用に就いているものも少なくない。逆に言えば、不登校のその後を就学・就職しない状態で過ごしている者は二割程度であり、「八割は大丈夫」と言うこともできる。だが、「不登校でも社会に出て行ける」という言葉によって不登校の子どもを受容できる状態ではなくなっていることは確かだ。その出て行くべき「社会」において、不安定雇用に就いたり無業になったりするリスクが、増大しているのだから。

学校に行っても将来は保障されないが、行かなければ確実に不利になる。そうした状況を反映してか、一九七〇年代半ばから増加してきた中学校における長期欠席の出現率は、二〇〇〇年代に入って一貫した増加傾向に歯止めが掛かっている。

不登校運動の立ち上がりから三〇年が経過した二〇一〇年代後半の今にち、「不登校を問うこと」は、それだけでは、もはや「この社会を問うこと」を意味しなくなっている。不登校は「社会からの逸脱」ではなく、単なる「個人の進路上のリスク」に過ぎないと見なされる。こうした時代状況のもとでは「学校に行かなくてもよい」としただけでは、もう何かを言ったことにはならない。「不登校は子どもの選択」とするかつての運動の主張は、容易に新自由主義的な「多様化・個性化」言説へと水路づけられてしまう。個々の不登校の子どもや親たちも、「不登校」というカテゴリーの共通性を焦点化するよりも、個人としての選択や努力を重視する態度に傾いてゆく。

不登校だけではない。例えば女性運動においても、「女性ゆえ」の差別が形式的に姿を消し、「女性でも、力があれば出世できる」とされるようになると、女性は他の女性と連携して社会に訴えるより、個人的な頑張りを優先するようになる。属性による差別は強く残っているにもかかわらず、

「個人の責任」と認識させられる。このような社会構造レベルでの差別と、個人レベルでの「自己責任」認識の断絶と併存を、ファーロング&カートメルは「認識論的誤謬」と呼んでいる(Furlong & Cartmel 2007:邦訳書二〇〇九)。

6 「生きづらさ」へ

これを踏まえ、本章の冒頭に示した二つの問いに戻ろう。第一は、「不登校を考えることが「社会を問うこと」になりえた背景には、いかなる社会的な文脈があったのか」、第二は、「そうした社会的文脈が変化した現在、それでも不登校を問い続ける意味とは何か」というものだった。

第一の問いについては、すでに述べてきた。一九八〇年代の日本には、子ども・若者が社会的存在となる過程のほとんどすべてを、学校・企業・家族という「場」の複合体が担い、公的サポートが必要とされない制度的状況があった。そうしたシステムは、多くの人に生活やキャリアの見通しのよさを提供する一方で、「場」における同調圧力や管理される不自由に耐えることを要求した。そうしたなか、不登校は「社会からの漏れ落ち」を体現すると同時に、競争主義や画一性を問い直す「社会批判」の可能性を秘めた現象だと捉えられえたのである。

以下では、もう一つの問いについて考えたい。「不登校を問うこと」が「社会を問うこと」でなくなっているならば、もう不登校という現象に立脚して分析を行うことには意味がないのだろうか？　不登校へのバッシングとそれに対する抵抗運動が「場」を重視するメンバーシップ主義の派生物であれば、メンバーシップ主義が揺らげば、抵抗の有効期限も切れるのだろうか？

この問いに対する私の答えは、「イエス」であり、「ノー」である。

第一に、制度・政策レベルでは、問題記述のカテゴリーとしての「不登校」という把握枠組は、失効している。メンバーシップから漏れ落ちる人が増加するなか、将来の保障のなさは、不登校に限らず、すべての子ども・若者が経験するものとなっている。そうであれば、必要なのは、「学校に行かない人」や「仕事をしない人」に単に登校や就労を促すことではなく、「すべての人」を対象にした移行支援だろう。多様な移行ルートを歩む子ども・若者が公平なキャリア形成を保障されるように、学力形成、職業スキル形成、ジョブ・マッチングなど、これまで学校と企業が担ってきたステップを、組織ベースのメンバーシップにとらわれず保障する仕組をつくる必要がある。

一方で、第二に、八〇年代の不登校運動が示した社会展望は、今なお重要である。不登校運動は、「学校＋企業＝社会」とされる時代において、「社会とは何か？」「学校に行かないことは社会から外れることなのか？」と問うた。この問いの有効期限は、まだ切れていない。

では、不登校運動がかつて持ったような「漏れ落ちた存在の側からこの社会を捉えなおす」という社会批判の視角を、二〇一〇年代後半の現在において継承するには、どうすればよいのか。「社会からの漏れ落ち」が、特定の属性や状態を持つ人のみでなく、より多くの人が晒される事態であるとすれば、いかにその「漏れ落ち」を把握することができるのか。

個人化の流れのなかで、「(いっか社会に出て行く)問題のない不登校」と「(いつまでも社会とつながらない)問題のある不登校」の違いが可視化されている、と先に述べた。そうであれば、「漏れ落ちた存在から社会を捉えなおす」ためには、学校に行く／行かないという葛藤が生じる時期を経由した後、仕事を通じて社会とつながる局面において、何らかの「つながりづらさ」や「生きづらさ」を抱えて生きる人びとに注目していく必要があるだろう。問いの焦点は、不登校の〈その後〉へと移ってきている。

不登校の〈その後〉を生きづらさを抱えて生きる人には、さまざまな人がいる。ひきこもっている人、無業の人、依存症や発達障害を抱える人、働いていても職場が不安定だったり人間関係がしんどかったりする人、いじめや虐待の被害体験を抱えた人、人とコミュニケーションをとるといつもぎくしゃくしてしまったりトラブルを起こしてしまう人、メンタル不調や自傷行為に苦しむ人、居場所を求めて支援機関や自助グループを転々とする人。

そうした人びとの生きる現実は、「不登校でも社会に出て行ける」とか「不登校だから社会に出て行けない」とかいう言葉では、とうてい表しようのないものだ。三〇代、四〇代と年齢が上がっていけば、不登校というキーワードは過去のものとなり、そうかといって「これ」という別種のカテゴリーを引き受けるのも難しく、漠然とした生きづらさを抱えながら、しばしば不安で不安定な生活を生きていくことになるだろう。また、特に不登校の経験があるわけでなくても、学卒後にさまざまな理由から社会とつながりづらくなる人もいる。働いていたり結婚していたりして見かけ上

「問題ない」かのようであっても、名づけようのない生きづらさを抱えている人もいる。

こうした多様な漏れ落ち方をしている人びとを、「発達障害」などの病理化・個人化するカテゴリーに頼ることなく、一つの属性や状態によって把握するのは難しい。こうした人びとに迫るには、「生きづらさ」という個々の主観に根ざした表現を用いていくほかないように思う。

生きづらさという言葉は、九〇年代半ばごろから使われはじめ、二〇一〇年代後半の今日に至るまでその使用数は増加し続けている。すなわち、学校・企業・家族という「場」のシステムが揺ぎ始めるにつれて、使用数が多くなってくる。さらにこの間、「不登校・登校拒否」の使用は減少している。グラフは、朝日新聞の記事検索エンジンで「不登校・登校拒否」と「生きづらさ」のヒット件数を重ねたものである（図3－2）。

ここからは、不登校から生きづらさへと、「漏れ落ち」の表現が変わってきていることを読み取れるのではないだろうか。不登校・登校拒否という医療・心理・教育・社会に広く根付いた言葉と、生きづらさという歴史の浅い言葉を比較するのには慎重でなければならないが、不登校・登校拒否の使用頻度が下がるに連れて、「生きづらさ」という言葉が使われるようになっているという大まかな傾向を指摘することはできるだろう
一九八〇年代の不登校運動が問題化した「人が社会とつながるとは何か」「就学・就労する以外に社会とつながって生きる道はないのか」という問いには、もはや不登校を通じてだけでは、迫ることができない。この問いに、生きづらさを抱える人びとの生に眼を凝らすことによって、迫って

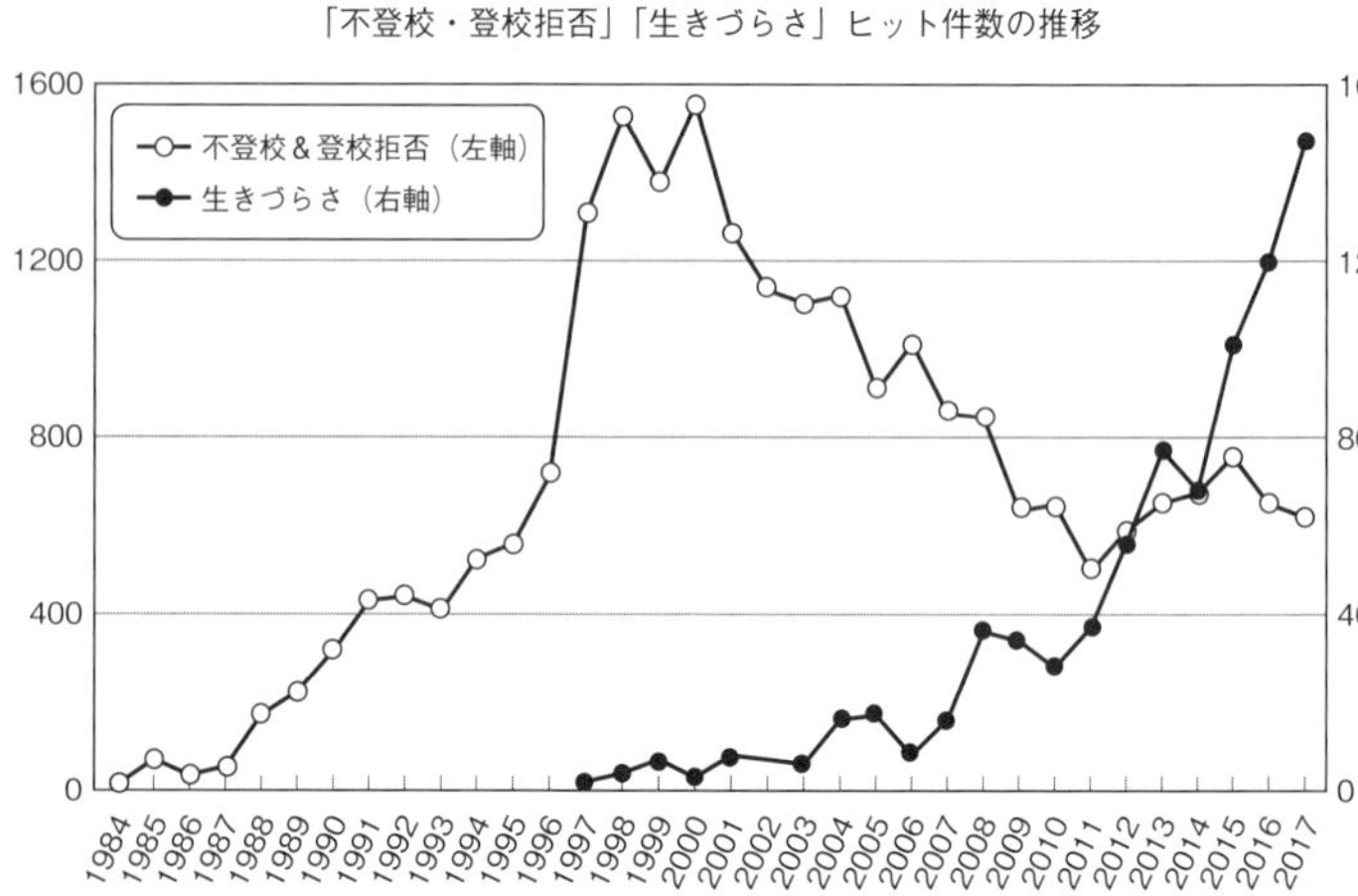

図3-2　朝日新聞記事検索エンジン聞蔵Ⅱビジュアルより著者作成

いくことができるのではないだろうか。

では、生きづらさとはいったい何か。私はここで、生きづらさを「個人化した「社会からの漏れ落ち」の痛み」と定義しておきたい。「生きづらさ」という主観的で曖昧な表現は、それ自体、「生きることをめぐる痛み」が、もはや特定の状態や属性によって一枚岩的には語りえない、個人化された状態にあることを示している。特定の逸脱経験があるから、あるいはマイノリティ属性を共有するからといって、「あなた」と「わたし」が同じ苦しみのなかにあると素朴には想定し得ない。社会からの漏れ落ち方は多様化し、その痛みは、生きづらさという個人の身体感覚にまで切りつめられた言葉でしか表しえないものになっている。

そのため、生きづらさには「共有されなさ」あるいは「つながりにくさ」が織り込まれていくことになる。社会学者の土方由紀子は、生きづらさという言葉が指示するのは、「入れ子式の苦しさ」であるという。入れ子式の苦しさとは、「複数の苦しさで構成され、日常では見えにくい部分が存在しており、苦しさの本質がわかりにくい」ものであり、「見えないために自他ともに理解しがたく、そのことが、さらに苦しさを増大させている状態」と説明される（土方 二〇一〇、二六二頁）。生きづらさという箱の蓋を開けても、そこには「これがわたしの生きづらさである」といえるものがごろりと入っているわけではない。「中身が見えない」、そのことが二次的に、さらなる生きづらさの箱を出現させる。そのように、生きづらさの原因が認識できない状態が、生きづらいのである。

不登校運動が勢いを持った文脈においては、個々の苦しみを不登校という言葉によって説明したり、共有することができた。しかし、漏れ落ち方が個人化された現代では、それが難しい。そこでは、自己が漏れ落ちた理由は、社会の構造や制度によってではなく個人レベルで説明されやすくなるため、共通の属性や状態を足場とする集団的な抵抗が困難になる。「私が漏れ落ちたのは、私が差別に遭遇したためではなく、私の選択がまちがっていたから／能力が及ばなかったから」。この認識は、個の尊厳に傷をつけるだろう。

そこにおいて生きづらさという言葉は、「私は生きづらい」と言うことを可能にすることで、この個人化された漏れ落ちを、かろうじて外部へとつないでいく足がかりになる。共通の属性でつながることが困難な時代。私たちは、個々の生きづらさを通じて――それが一人ひとりあまりに違っていて、にもかかわらず「ありがち」であることを認めあうことを通じて――つながっていくことができる。そうするほかない。

そして、生きづらさは、現代社会で「普通」に生きている人びとにも、共有されうるものであることを忘れてはならない。「誰もが漏れ落ちる」状況では、「普通に、順調に」人生を歩んでいるように見える人は「まだ漏れ落ちていない人」に過ぎず、「漏れ落ちた人」と地続きだからだ。

不登校から、より曖昧で広がりを持つ生きづらさへ。社会とのつながりにくさを個々の身体に現象させる人びとは、名前を変えながら、ひとつの問いを投げかけ続けている。「学校＋企業＝社会」が揺らぐなか、学校でも企業でもない新たな共同性のなかで、学び、育ち、生活の糧を得て生きることがいかに可能か。現代では、この問いは不登校経験者に限らず、この社会を「生きづらい」と感じるすべての人びとのための問いとなる。この時代を超えて流れる問いの川の源流に、確かに不登校を経験した子どもと彼ら・彼女らを支えた大人たちがいたことを、刻んでおきたい。その思いから、私はこの生きづらさをめぐる一連の思考を、「不登校の〈その後〉研究」と名乗りつづけたいのだ。

第Ⅱ部
「当事者」と「専門家」のあいだで

4 「生きづらい私」とつながる「生きづらい誰か」

私は、一九八五年から一九九〇年にかけての小学校時代をほとんど学校に行かずに家で過ごしている。学校に行かなかったことで、あるものを得、あるものを失った。それだけの話だ、と言ってしまってかまわない。ただ、みなが行くべき学校にひとり行かないという経験は、私に人と人、人と社会とのつながりについて考える契機を与え、その後の私を不登校という研究テーマにいざなった。

一九八〇年代後半とは、ちょうど日本における不登校運動が本格的に動き始めた時期である。当時、不登校は病理・逸脱であるとされ、対応は登校強制が主流であり、「ほんらい行くべき学校に行かない」というだけで、矯正施設への入所や精神科への強制入院までが、子どもの身に降りかかっていた。そうしたなか、不登校の子を持つ親や彼ら・彼女らをサポートする専門家たちによって、「不登校は病気ではない」「不登校でも問題なく「社会」に出ていける」とする語りが生み出されていった。このような語りは、それまで否定的な価値のみを与えられてきた不登校という現象に肯定的な意味を見いだすことで、不登校をめぐる子どもや親の苦しみに寄り添った。不登校の子どもを持つ親の会や学校の外の子どもの「居場所」が創りだされ、全国に広まっていった。

私自身もまた、こうした流れのなかにあった。「居場所」などに属したことがないため、間接的にではあるが、「不登校は病気ではない」「不登校でも問題なく社会に出ていける」とする語りは、不登校という事態によってともすれば全存在を否定されてしまいかねない私に、自己を肯定的に表現する言葉を与えた。それは私にとって、不登校に否定的な外部から身を守るための、いわばシェルターの役割を果たしていった。だから、その後、大学に入学し、運動的な文脈を持たない専門家による不登校論に触れたときは衝撃だった。そこには、不登校の子どもの「生きづらさ」について論じる視角はほとんど存在しなかった。不登校を生きる人びとの悩みや苦しみ、そのなかから不登校の意味を読み替え新たな自己を獲得していく営みは、「客観的な視点」から描かれる不登校の「全体像」や、その「原因、治療法、対処法」を探求する専門家の作業のなかでは、偏向した一部の実践であるに過ぎなかった。不登校を生きる子どもや親が、専門性という武器を持たないまま、ただ自分の経験から「不登校はそのようなものではないと思う」とかろうじて言葉にしてきたのとは異なり、彼らは学問の「客観性」「科学性」のもとにやすやすと不登校を定義した。そのようにしてつむがれる「不登校」の語が自分に覆いかぶさってくるように感じながら、私は「誰のことを書いているのか？　あなたが何を知ってるのか？」という憤りを覚えた。

そんなとき、「当事者」論という視点に出会った。「当事者である自己」を重視し、「わたしのことはわたしが一番よく知っている」と専門家の権威を相対化してみせるこの視角から、私は「自分の問題を自分で研究する」ということを教わった。既存の不登校論に不全感を覚えていた私は、「不登校をめぐる当事者の語り」を収集し、それを経験した本人の視点から不登校を研究してみたいと思った。

けれども、二〇〇六年のいま、私は専門家の文章に「うまく憤る」ことができない。大学院に籍を置いて久しい私は、アカデミックサークルの雰囲気を掴み、かつて私が怒りを向けた文章が、悪意ではなく、単に知的欲求と学問的誠実さから生まれたものだということを知っている。私自身がその一員となって文章を書くとき、ちょうどかつての私のように、傷つく人びとがいる可能性についても、考えざるを得なくなった。

「当事者」の輪郭はぼやけ、いま私はこの言葉に注目する意味を改めて問い直す必要を感じている。「当事者」とはいったい誰であり、「当事者」が語ることにはどのような意義があるのか。

1 「問題に取り組む私」から出発する

思えば「当事者の語り」とは、ある種のあやうさと隣り合わせの設定である。「当事者」という視点を重視する立場は、「問題に取り組む私」から出発しようとする。中西正司と上野千鶴子は「当事者主権とは、私が私の主権者である、私以外のだれも——国家も、家族も、専門家も——私がだれであるか、私のニーズが何であるかを代わって決めることを許さない、という立場の表明である」と述べ、「当事者」の主体性や権利を重視し、「当事者」の視点から問題を語り直すいとなみに注目する（中西・上野 二〇〇三、四頁）。そこでは、初めに「ニーズを持つ主体」（＝「当事者」）としての自己があり、その自己がさまざまな主張を行っていくとされる。

一方で「語り」の作用に着目する物語論では、「まず「私」がいて、ついでそれについて私が語る」のではなく、「自分自身について語るという営みを通してはじめて「私」が生み出されてくる」とされる（浅野 二〇〇一）。たとえば、「私は学校に行きたかったが行くことができなかった」と語るなら、自己はそのような現実を生きる存在として形作られるだろうし、「そうではなく、私は学校に行かない人生を選び取ったのだ」と語るときは、また別の自己が立ち現れるだろう。そこにおいて自己とは、語ることによって事後的に構成される流動的なものとなる。「語り」から出発する試みは、「当事者」論が依拠する「私」という主体の揺るぎなさを、逆に掘り崩す方向性を持つ。

「自己が先か、語りが先か」という「当事者」論と物語論の出発点の違いは、「ひりひりするまでにどうしようもなく存在してしまっているこの私」か、「変化にひらかれたとらえどころのない私」か、という想定する主体の違いに関わってくる。この相反する二方向をともに含み込むなかで、「当事者の語り」はさまざまな困難に出会う。それは、「当事者」という概念そのものの抱える困難にも重なってくる。

たとえば、「当事者」論の本来の主張であった「私のことは私が語る」とする代理表象の不可能性は、ともすれば、「当事者」を特権的な語る主体として固定化させ、「本人が言うのだから間違いない」というように異論を差し挟みがたい別種の権威として出現させてしまうことと隣り合わせである。また、既存の支配的な価値への対抗に向けて生み出される「当事者の語り」が、人びとの「理解」を引きつける対象としての運動的な権利主張の物語へと水路づけられてゆくなかで、その状態を生き続ける一人ひとりの語りの多様さは、脇へと寄せられていく。さらに、「そもそも当事者とは誰か」という素朴な水準で見ても、「ニーズを持つ自己」の延長にある種の共通性を持つ集団が意識されたとき、「当事者」の外延を特定しようとする態度は、しばしば「真正な当事者」を設定しそこからこぼれ落ちるものを周辺化する「モデル被害者」（上野千鶴子）の構築と同様の危険を抱えてしまう。

「当事者」という言葉は、その立場を引き受ける人びとの範囲を確定しようとする。けれども先に見たように、単に「専門家よ、当事者に学べ」「本人の立場に立って考えよう」とすることだけでは、「当事者の語り」は限定された可能性しか持ち得なくなるだろう。そのもう一歩先へ踏み込むことで、「当事者」という概念をより有意義に使ってゆく必要がある。

この点に関して、二〇〇〇年代半ば以降「当事者について語る」という「メタ当事者論」ともいうべき動きが、「当事者として語る」ことを経た人びとのなかから現れ始めている。「当事者」にこだわりながらも、その危うさを指摘するこの動きは、「当事者」概念に対する「ゆり戻し」ではなく、その救済を意図している(上山 二〇〇五)。「当事者」を自己言及的に批判検討したうえでその意義と課題を明らかにしようとする点で、本章はこうした「メタ当事者論」と関心を共有している。私もまた、前述のような困難を認識したうえでなお「当事者」概念に意味を見いだしたいと考えている。「生きづらさを当事者が言葉にする」という「ニーズを持つ私」から出発する当事者論が、意義を持ち続けている文脈が、多く存在すると思うからだ。それは、当該の「社会問題」とされるものが、もっぱら「当事者」以外の人びとによって語られてきたような場合である。

不登校は、そうしたケースのひとつであった。それは「学校と子どもとのつながり」、ひいては「社会と人とのつながり」を根底から問う。それゆえ不登校は「若者が社会に出ていく」うえでの失調とも密接に関わってくる。事実、若者と就学・就職をはじめとする「社会」とのつながりの問題は、いま最も注目される主題のひとつでありながら、「当事者」以外の人びとによって論じられることが多い。そこでは不登校の場合と同様、「当事者の語り」に着目する重要な意義があるように思える。

2 「ぼくらは、もっと怒っていい」

若者が「社会」に出て行くプロセスがうまくいかなくなった、という認識が広がっている。就労に対する希望や意欲を持てないでいる、いわゆる「ニート」と呼ばれる若者をめぐっては、本人の

「自己責任」であると見なしその薄弱さや怠惰さを嘆く「若者バッシング」がなされている。一方で、労働経済学や教育社会学などの研究成果は、労働市場の問題や階層問題を指摘しながら、若者は社会的排除を被っている存在であり、問われるべきは個人ではなく社会構造であると強調してきた。

労働市場に正規に参入していない若者に対して「職がないのは自己責任だ」と断じる態度が不当であることは、後者の議論から明らかであり、強調してしすぎることはないだろう。そのうえで、一人ひとりの若者の「主体性」については、どう捉えればいいのだろうか。

「ニート」という言葉の普及にもっとも貢献したひとりとして挙げられる玄田有史は、中・高年が実質的に若者の雇用を奪っている「置換効果」など社会構造の問題を強調したうえで、若者の「曖昧な不安」や「働く意欲」といった意識的な側面にも注目している。「実際に当事者として働けない問題を抱えている人にとって大切なのは、まず目の前にある状況をどうするかなのだ」とする玄田は、若者が共同生活を通して生活改善し、就労に備えるようサポートする「若者自立塾支援事業」（二〇〇九年に終了）や、一〇代における仕事体験の教育システムへの組み入れといった政策を支持する（玄田 二〇〇五）。

一方で、本田由紀や内藤朝雄は、若者の意識や意欲といった個別的側面を問題化する態度をしりぞけ、「若者個人ではなく社会環境の整備に焦点を当てるべき」とあくまでも構造的側面からの対策を探る。そこでは、他者の内面を代理表象しそれに手を加えようとする態度の暴力性や、若者の意識や意欲を問題化することで、若年雇用問題が労働需要側ではなく労働供給側である若者の「自己責任」の問題とされてしまう危険性が指摘され、職業的意義の高い学校教育や、生き方の多様性を認める「自由な社会」といった新たな社会制度が展望される（本田・内藤・後藤 二〇〇六）。これらの議論では、個々の若者の「生きづらさ」に真っ向から焦点が当てられることはない。制度論として「個々の内面を問わない」という姿勢は重要だが、そのことと「個々の「生きづらさ」を語る」こととは区別して論じられるべきだろう。この区別がなされないと、構造的な不平等を問題化する営みのなかでは、個々の「生きづらさ」や「主体性」は、その問題含みの既存の社会にいかに参入するかという個々人の生存戦略のなかに辛うじて見いだされるか、さもなければ、「新たな社会」という全体像の提示のもとに、問うことそのものを丁重に禁欲されるかのどちらかになってしまう。

そうではなく、若者が社会的排除を被っているならば、「制度論として個々の内面を問わない」ことに並行して、「当事者」の側からのムーヴメントが、もうひとつの方向としてありうるのではないか。一人ひとりが抱える「生きづらさ」を「他者の内面を云々する」以外の仕方で問いうるとすれば、やはり――語る特権や義務を「当事者」にのみ与えることとはまた別のこととして――「当事者」本人の手によってでしかないだろうと私は思う。フリーター「当事者」の書き手である杉田俊介が言うように、「ぼくらは、もっと怒っていい」のである（杉田 二〇〇五）。

とはいえ、これはなかなか容易なことではない。「生きづらさ」や「主体性」への着目は、制度が内部を侵食する可能性とは異なる次元でも、困難を抱えている。佐藤俊樹は「不平等を被っている若者が、社会に向けて被害を告発せずに、運だと考えて納得してしまうのはなぜか」という問いに対し、①「なぜ自分が今社会からはじき出されているのかを、そもそも見たくない」、②自分が不当に恵まれなかったと感じると対人コミュニケーション能力が損なわれやすく「「イタい人」」として嫌がられ、人格的に評価されなくなる」などの点から説明する（橘木編 二〇〇四、五〇頁）。「対人コミュニケーション能力」という言葉が妥当かどうかは検討が必要だろうが、重要なのは、不平等を認識し、告発することが、しばしば本人の孤独感や孤立をいっそう深め、人や社会とつながる手立ての獲得を困難にしてしまうということだ。

では、そのような状況でどうすればよいのか。答えはまだなく、手探りである。ただ、私はそうした人や社会とつながる手立てのひとつに、新たなムーヴメントのきっかけとしての「当事者の語り」を提案したいと思うのだ。

3 「終わりのない語り」の可能性

もちろん権利主張という意味でならば、これまでにもさまざまな運動の現場で「当事者の語り」は注目されてきた。それは、ある状況を共有する人びとのニーズの表明という「結末」に向けてまとめ上げられた、一人称複数の「私たちの語り」であったといえる。そうした語りは、ゲイのカミングアウトの物語や「就学・就職に成功した元不登校者」の物語のように、社会変革の手立てとして大きな効果を持ちうる。

けれども、ここで私が言いたいのはそうした語りのことではない。注目しているのは、「克服」という「結末」を持たず、起承転結の見えないまま、一人ひとりの現状にもとづいて「終わりのない語り」を語り続ける、いわば一人称単数の「私の語り」の集積でしかありえないような何かである。

たとえば、ある「元ひきこもり」の青年は次のように語る。「「ひきこもり」をしてきた人間は、〈その後〉が問題だ。外に出られるようになってからの方が、もっと辛い現実があるんだ」(小林二〇〇二)。この語りは、「結末」と見えるものが実は「結末」などではなく、「その後」へと続く途上にすぎないことを示している。不登校もまた、「学校に行けるようになった」ことをもって「終わり」にはならないことが、二〇代、三〇代になった元不登校者の語りから明らかになりつつある(NPO法人東京シューレ編二〇〇五)。同様に、それらに通底する若者の「生きづらさ」というものも、「私はこうして希望の就職を掴んだ」というような「結末」を持つものとしてばかりは語りえないだろう。なぜなら、そうした場所で取り組まれているのは、単に「就学」「就職」という外観的な問題ではなく、「人とつながるとは、働くとは、生きるとはどういうことか」という果てしない人生の問いにほかならないからだ。

こうした「終わりのない語り」は、権利主張の物語とは別のかたちで、今ある以外の現実のあり方を、語りを通じて示してみせることで、もう一つのムーヴメントの手段となりえるのではないかと思う。

ただし、一人称単数の「私の語り」は、他から切り離された状態では「負け犬の遠吠えにすぎないのではないか」と一蹴されてしまう。そうではなく、あくまでも当事者が語ろうとする「私の生きづらさ」とは、「他の誰かの生きづらさ」とのつながりのなかで言葉にされて初めて、事態を動かすすべとなりうるものだろう。「私の語り」は、「私たちの語り」へとまとめ上げられることによってではなく、いわばそのあいだに存在する「私ではない他の誰か」を想定することによって、立ち上がる。これは何を意味するのだろうか。

初めに触れた「当事者の語り」の困難に立ち戻って考えてみよう。それは「自己が先か、語りが先か」「確固とした主体か、流動的な主体か」という異なる二方向を、同時に含み込む矛盾のなかで発生する困難であった。こうした困難に可能性を見いだそうとする立場から、あえて次のように言うことはできないだろうか。すなわち、「私の生きづらさ」が「私ではない誰かの生きづらさ」とのつながりの中で言葉にされるとき、「ひりひりするまでにどうしようもなく存在してしまっている「この私」から出発するか、捉えどころのない流動的な自己を「まずは語ってみる」という手探りから始めるか」という葛藤は、実は矛盾と考える必要はなく、それらをともに求めるところからスタートすることに重要な意味があるような、いわば必然的なものとなる、と。

ひとりからもうひとりへ。「私」から「私につながる誰か」へ。その二者を、「揺るぎない、確固とした私たち」という罠を注意深く避けながら接続しようとするとき、「ひりひりするまでの「私」がある」ことと、「確固とした「私」を揺るがす」こととは、互いに向き合って「私」というボールを投げ合うキャッチボールのような関係を結ぶ。そのもとで、私の抱える「生きづらさ」が私ひとりのものに留まらないという認識は、私と同様の「生きづらさ」を抱えているであろう誰か――この言葉で私が想定しているのは、とりわけ、これから育とうとしている若い世代の人びとである――に対する責任と、そうした「生きづらさ」を引き受けるわが身への自尊感情とを喚起することができるのではないか。「当事者の語り」が新しいムーヴメントとなりうるとすれば、そのような形においてではないだろうか。

いま、この時代のこの国を「若者」として生きざるを得ないひとりとして、私は後から続いてくる世代の彼ら・彼女らに、心からの笑顔で、言えるようになりたいと思うのだ。「大丈夫、あなたはひとりぼっちじゃない。だから安心して、いつでも生きづらくなってね」と。

5　「学校」の問い直しから「社会」とのかかわりの再考へ

——不登校の「その後」をどう語るか

1　はじめに

二〇〇〇年代半ばの今日、ポスト青年期におけるある状態が「ひきこもり」「ニート」などの用語において問題化されるなど、「社会に出るべき若者が社会に出ない」ということが関心を集めている。

そうしたなか、不登校という現象も「その後」との関係においてより注目されるようになってきた。一九九九年の現代教育研究所の調査は、中学三年時に不登校経験をもった人びとの五年後の状況を調べ、不登校経験のある人びとが、そうした経験を持たない人びとに比して、就学・就労ともにしていない比率が高まることを示した。また、文部科学省の不登校認識に影響力をもつ「不登校問題に関する調査研究協力者会議」は二〇〇三年度に「心の問題」から「進路の問題」として不登校を再定義している。

しかし、問題なのは本当に、いわゆる「進学」や「就労」といった事柄ばかりなのだろうか。「社会とつながる」とはどういうことか？　この問いは、たしかに、既存の社会集団に適応的に参加し、自分の役割を得てゆくことと結びつけて想起されやすいから、これについて考えるうえで、進学や就労が重要な取りかかりを提供してくれることに違いはない。けれども、当然ながら進学や就労だけが「社会とつながる」すべてではない。もっとさまざまな学ぶこと、働くことのかたち——不登校の子どもが学ぶフリースクールや、さまざまな困難をもつ人びとのための緩やかな働きかたを目指す労働の場など——はありえるのであり、本来「社会とつながる」ことをめぐっては、そうした事柄も含めて考えられるべきだろう。不登校の「その後」とは、進学・就労という取りかかりを通じて、より広く「社会とつながる」ことそのものが、主題として前景化してくるような事態だといえる。

では、こうした事態のもとで、不登校についてどのように考えることができるだろうか。不登校は、一九八〇年代ごろまで、長らく主に病理・逸脱として問題化されてきた。そうしたなか、不登校の子どもの気持ちに寄り添い、親の不安を受け止めるうえで、「不登校でも何の問題もなく「社会」に出ていける」とする語りが生み出されていった。このような語りは、それまで否定的な価値のみを与えられてきた不登校に、肯定的な意味を見出すことによって、不登校をめぐる子どもや親の苦しみを緩和する道筋を示した点で、大きな意義をもつものであった。不登校を頭ごなしに否定するような風潮は決して過去のものではなく、こうした語りは今も切実に必要とされつづけている。

一方で、不登校を「その後」との関連で考えるとき、「不登校でも何の問題もなく社会に出ていける」とする語りでは、その人の存在を受容すること、すなわちありのままの状態や思い悩みを受け止めることが難しい局面がある。たとえば、「不登校はまだいいが、ひきこもりは困る」といった言い方がなされることがある。そこにあらわれているのは、「社会に出ていく」うえで必ずしも学校を経由する必要はないが、「社会とつながる」ことそのものからの撤退は肯《うべな》いがたい、という周囲の人びとの困惑だろう。このような状況を踏まえたうえで、不登校の人びとを受容しつづけようとするならば、「学校に行く」ことにまつわる苦しみにくわえて、「社会とつながる」うえでの「生きづらさ」のようなものに、焦点を当てる必要があるのではないだろうか。

その際、鍵となるのが「当事者」という視点だと思われる。不登校の「その後」の一形態としてのひきこもりは、本人・親・支援者などそれぞれの立場にもとづくニーズの相違が、避けがたく立ち現れてくる事態でもあると考えられるからだ。

これらを踏まえ、本章では、「当事者」という視点に着目しながら、不登校の「その後」における本人の「生きづらさ」についてどのように考えることができるか、それをありのままに受け止めるとはどのようなことかを、考察する糸口を探ってみたい。

2 「ひきこもりにつながる不登校」の語りづらさ

不登校とひきこもりは、しばしば非社会的な逸脱行動として一様に問題化される。けれども、受容的な語りのあり方を考えるうえで、この二つは質的に異なった状況にある。具体的には、現在「不登校でも何の問題もなく社会に出ていける」として不登校を「肯定」する立場からは、「ひきこもりにつながる不登校」を受容的に語る回路を見出すことができにくくなっているように思われる。

このような不登校とひきこもりの関係について言及するうえで、念頭に置いておかなければならないのは、「不登校でも何の問題もなく社会に出ていける」という語りが、不登校をやみくもな治療対象と見なす語りへの対抗言説として出現したという歴史的な経緯である。

朝倉景樹は、一九八一年から一九八九年までの「登校拒否」に関する雑誌記事の見出しを調査し、一九八八年を境に「登校拒否は病気ではない」とする内容のものが、それを治療対象と見るものを上回り、増加していったことを明らかにしている（朝倉 一九九五）。一九八八年とは、精神科医の稲村博の発言が、朝日新聞の記事に「三〇代までつづく登校拒否症　早期完治しないと無気力症に」として掲載された年である。[1] この記事は、不登校が精神医学的な治療対象としての病であり、大人になっても「社会に出る」ことができない状態につながるもとであることを指摘したものだった。これに対して、「不登校は病気ではない」とする立場からさまざまなかたちで反論が寄せられ、「登校拒否を考える緊急集会」が東京で開かれ八〇〇人あまりの参加者を集めるなど、対抗的な語りが盛り上がりを見せたのである。

不登校を治療対象とする語りに対して「否」を突きつけるかたちで興隆した新たな語りは、不登校を、子どもが選びうるひとつの進路として示すことで、その意味を肯定的なものへと塗り替えることに寄与した。このような語りの出現によって、不登校の子どもや親がみずからの存在を受容できるようになった点は、意義を持つものだった。

一方でこのことは、以下のような本来的には別個の事柄であるいくつかの含意を、密に関連する事柄として、ひとまとまりに提示する象徴的な契機となったように思う。すなわち、「不登校でも何の問題もなく社会に出ていける」とすること、不登校を「病気ではない」とすること、「学校に行きたくない」という子どもの気持ちを尊重しその存在を受容すること、という本来それ自体としては独立に成立しうる諸々の主張が、折り重なって志向される独特の文脈が形成されたように思われる。

このことが問題となるのは、時代背景や場などによって語る言葉の意味や効果が異なってくるときだろう。一九八〇年代後半には、不登校を「病気ではない」とすること、および「そのままでよい、いつかは問題なく社会に出ていける」とすることが、子どもや親の苦しみを緩和することとほ

（1）「三〇代まで尾引く登校拒否症　早期完治しないと無気力症に　複数の療法が必要　カウンセリングのみは不十分　筑波大学助教授ら五千人の例で警告」朝日新聞一九九八年九月一六日夕刊。

ぼ同義であるような文脈が、たしかに存在していた。けれども今日、ひきこもりを経験した人びとの言葉には、「もう明るい物語を信じることはできない」というように、「ひきこもりを根底から肯定すればいつか社会に出ていける」といった言い方では受け止めきれない現実がしばしば見られる。だとすれば、不登校の「その後」や「ひきこもり」という現象について考えようとするうえで、「そのままでよい、いつかは問題なく「社会」に出ていける」とすることが、すなわち本人を受容することだとする回路の有効性を、かつてほど強力には主張できなくなっていることに、気付かざるをえないのではないか。そこでは、ある状態を「肯定」することと、その状態にある人を受容することがどこまで重なり、ずれるかという問題に踏み込む必要が出てきている。

ひきこもりという現象は、「学校とつながる」ことの自明性を問題化した不登校肯定の立場が、結果的に問う必然性をもたなかった「社会とつながる」ことの自明性を問うことなしには、その受容がなされえないような、ラディカルな問題である。不登校を「その後」との関連で主題化することとは、「子どもが学校に行かない」という事態を再考することに加えて、「人が社会とつながる」ということそのものを問い直す意味をもつ。そこでは、ひきこもりにつながる不登校について、受容的に語る道筋を見つけ出していく必要があるだろう。

3 「当事者」再考

そのように、「ひきこもりにつながる不登校」を受容的に語ろうとするとき、鍵となるのが「当事者」という視点だと思われる。

不登校の「その後」やひきこもりは、本人、親、「居場所」関係者など、かかわる人びとの立場によって主張の内容や意味が必然的に異なってくる状況でもある。「「社会」とのつながり」に向けての具体的な一歩を踏み出さないまま家のなかで過ごしつづける本人と、その生活を援助する親の利害は、基本的に、重なることのない構造のなかに組み込まれていく。そこでは、個別的な信頼関係で結ばれることはもちろん可能であり大切であるにせよ、「親が子どもの気持ちに寄り添うことによって子どもが安心し、エネルギーをためて生きる道を見つけていく」という言い方だけでは解消が難しいような、個別的な人間関係上の努力の範疇を超えた困難や葛藤が顕在化してくるように思われる。もはや「子どもの気持ちになって考える」といった代表・代弁の可能性に期待することが現実的ではないこうした状況のもとで、不登校の「その後」としてのひきこもりを問うことは、支援者と利害を異にする「当事者」という存在を問うことにつながるだろう。

「当事者」という視点の重要性を指摘するものに、中西正司・上野千鶴子の『当事者主権』(二〇〇三年)における議論がある。中西・上野は、女性、障がい者、子ども、性的少数者といったさまざまな社会問題の渦中にある人びとを、「当事者」の立場から発信するという視点の共通性において架橋しようとする。そこでは、「当事者主張とは、私が私の主権者である、私以外のだれも——国家も、家族も、専門家も——私がだれであるか、私のニーズが何であるかを代わって決めることを許さない、という立場の表明である」（中西・上野 二〇〇三、四頁）とされるように、「当事者」という存在を代弁不可能な主張の主体として登場させることによって、それまで他の行為者によって語られ、決定されてきた事柄を、本人の手のなかに取り戻すという効果に焦点が当てられている。

私は以前、拙著『不登校は終わらない』（二〇〇四年）のなかで、このような「当事者」の視点に着目し、不登校経験者の語りの収集・分析を行った。同書では、不登校という社会問題の「当事者」であることは、その主題について語る特権と義務をともに持つことであり、「語りえなさ」と「語りへの強迫」が同時に立ち現れてくる事態だと論じた。不登校の「その後」を生きる彼ら・彼女らは、専門家、支援者、親といった人びとと利害を異にする固有の位置性を有しており、その意味で他の人びとによる代弁ではない「当事者の語り」を必要としている。一方で、たとえば不登校の理由語りを迫られる場合のように、特定の物語がすでに設定されたうえで、「当事者の語り」へと追い込まれるような事態にも、同時に晒されているのだ、という指摘を行った。しかしそこでは、「当事者の語り」のプラス面とマイナス面に触れてはいたものの明示的でなく、「当事者」論という主張そのものの問い直しをなしえていなかった。

「当事者」論を内在的かつ批判的に検討する仕事はいまだ少なく、自身のひきこもり経験に基づいて在野で活動している上田和樹が、「当事者」における権利や倫理の扱い方とその政治的効果について、ブログで分析を行っているほかは、管見の範囲では見つけられていない（http://d.hatena.ne.jp/ueyamakzk/20050525）[2]。以下では、「当事者」論に意義を認める立場から、「当事者に聞いてみなければわからない」として「当事者」を代弁不可能な主張の主体と見なすことにともなうリスクについて、検討してみたい。

まずひとつに、語りを奪われることへの抵抗から「当事者の語り」の重要性を強調することは必要だとしても、それを特権的な立場として固定化させたとき、「当事者の語り」は異論を差し挟みがたい別種の権威として立ち現れてしまいかねない。「当事者に聞いてみなければわからない」とすることは、時として「当事者の語り」をブラックボックスにし、「当事者が言うのだからまちがいない」として、それを最後の切り札的に提示してしまう危うさを抱えている。こうした「当事者」の特権化や固定化は、運動の現場ではある種応急処置的に必要とされるものであるが、それが「当事者の語り」を手段として用いようとする態度と隣り合わせであることを、自戒を込めて心に留めておきたいと思う。

さらには、語りへと追い込まれることの抑圧を問題化しづらいという点がある。「理解」を差し向ける対象としての「当事者の語り」の要請は、場合によっては矛盾やずれを含む丸ごとの本人の

（2）この文章が書かれる前に、野崎泰伸による論考「当事者性の再検討」『人間文化学研究集録』二〇〇四年が発行されており、後から指摘を受けた。野崎の業績は重要な関連文献だが、その論点は本章と重なる点も多いため、ここでは初出時の文章を尊重して論を進める。

語りを否認し、「当事者の物語をこのように語れ」という別種の抑圧として経験される可能性がある。他の立場からの語りがそうであるように、「当事者」という立場にある者の語りもまた、完了することのない、リフレクシブに問い返される変化にひらかれたものでなければならないだろう。

ただし、このように「当事者」論を批判するうえでは、以下の点に留意しておきたい。

第一に、このような視点が意味をもつのは、一定の状況定義権をすでに「当事者」がもっているような、当事者運動がある程度認知を獲得したケースに限られる。「当事者の語り」がもつ抑圧性という側面は、存在を認識されず耳を傾けられることすらない者からすればひどくぜいたくな話であろうことは確かである。この点は「当事者」論の問題というよりも、語りを求め、解釈する聞き手の側の問題として、強調する必要があると思う。

第二に、これらのことは、「当事者も他の存在と同様に処遇されるべきであり、特権などは認めない」とする立場に直結するものではない。「当事者」のニーズを認めその存在を受容しながらも、「選択の主体」としての語りへと追い込まれることを避けうるような、別の回路は存在しうるし、それを求めてゆく必要があるだろう。

これらのことを考え合わせたうえでなお、「当事者」の視点なるものを重視するべきだと考えるのは、くり返しになるが、不登校の「その後」ないしひきこもりという現象が、「当事者」が親や支援者とは異なる固有の位置性を帯びた存在であることを、可視化せずにはおかないからである。「当事者の語り」は、不登校やひきこもりの存在を否定し、やみくもな「克服」「治療」の対象とする人びとに対して対抗的であるばかりではなく、親や支援者といった共感的な伴走者でありうる人びとに対しても、ときとして、葛藤的であらざるをえない。

そのうえで、そうした「当事者の語り」をあえて浮かび上がらせることが、前節で論じたような「ひきこもりにつながる不登校」を受容的に語る回路を創出することにも、かかわってくるだろう。というのも、「学校とつながる」ことにとどまらず「社会とつながる」ことに困難を覚える「当事者」にとって、「そのままでよい、いつかは問題なく社会に出ていける」とする周囲の者の語りは、たとえ本人の生のあり方を尊重しようという意図のもとになされたものであっても、時として、かえって本人の生のあり方や苦しみの内容を限定的に意味づける効果を持ってしまうためである。「働くことはつらい、けれども働かないことは、もっとつらい」と考える本人にしてみれば、単に「働かなくてもよい」と言われてもその困難は止みがたい。「社会とつながる」ことにまつわる不安や苦しみを、「本人の選んだ生き方として肯定する」というのではないかたちで受け止め、語っていくことは、「当事者」という立場においてこそ可能であり、意味あるものとなるのではないか。

4　実践と語り

もっとも、「当事者」を支えてきた支援者たちにおいても、「社会とつながる」うえでの困難は重要な主題となっている。

実際に、不登校の子どもに寄り添い、学校に行かない生き方をサポートしてきたフリースクール・フリースペースなどの居場所では、二〇〇〇年代になって、かつて不登校だった二〇代以上の人びとを対象に、就労支援や自立支援などを含めた新しい実践が模索されつつある。たとえば、横浜市で不登校児の学習サポートを通じた支援活動を行ってきた「居場所A」（仮名）では、創設から一七年あまりを経て、大人になったかつての子どもたちのための就労支援を中心とするNPOへの転身が図られている。そこでは、「進学」「就職」に象徴されるような既存の社会に出てゆくこととは異なり、主催者（五〇代女性）によれば、「あせらず・ともに・無理をせず」「少し不安定でも、親から自立して安心して生活していけるように。理想は、作業所と保育所とシルバーマンションと病院が、同じ敷地にあるようなところ」というように、緩やかにつながっていける新たなコミュニティづくりが目指されている（本書7章を参照）。

一方で、それを表す語りは一九八〇年代後半からほぼ変わっておらず、「そのままでよい、いつかは問題なく社会に出ていける」とするスタンスが貫かれている場合が多いように思う。「居場所A」の主催者である五〇代女性も、「みんないつか戻っていくの。中学で行けたり高校で行けたり、大学や専門学校だったり、その子その子で違うけど、いつか自分の生き方に戻っていける」「学校が悪いとかいいとかではなく、その子の「選択」だと思う。……「命」が学校に合わなかったということ。言葉にならない「命」で感じる部分」としており、あくまでも〝本人の選んだ生き方を尊重し傍らで見守っていれば、いつか（既存の）「社会」とかかわりをもつようになる〟とする語りが保持されている。

そこでは、現実に行われている実践とそれを表す語りとのあいだに、ある種のずれが生じ始めている。「当事者」が今あるみずからの状態をその生きづらさも含めて受け止めてゆくために、実践の変化に即して語りもまた、変化させていく必要がある。すなわち、「選択の結果としての不登校を肯定する」という脱病理化の物語からも、「社会に出ていくためには不登校であってはいけない」という主張からも距離をとった、もうひとつの語りが求められているように思う。

そうした語りが、どのようなものになるかは、まだ分からない。しかし、ヒントを見出すことはできるだろう。

たとえば、「浦河べてるの家」における「病気」をめぐる語りがある。「浦河べてるの家」とは、北海道浦河町にある、精神障害をもつ人びとが日高昆布の販売などを通じて自活している共同生活の場である。そこに生活する人びとは、「カルテが履歴書」「僕の仕事は病気」と言い、幻聴を「幻聴さん」と親しみを込めて呼び、「精神バラバラ状態」「電波病」など自分で自分に病名をつける。「病名」は、医師が診断した医学的な事実やたんなる忌まわしい記憶としてではなく、一人の人間として懸命に生きてきた証としてある」(向谷地・浦川べてるの家 二〇〇二、一〇八頁)とされるように、そこでは「病気」という一般的には克服・治療の対象とされているものが、その負の意味合いを徐々に、確実にずらされていく。

ここに示されているのは、自身の状態を「選んだ」とはもとより言いえない「病気」を抱えた人びとが、トラブルに対する無力さをも「それで順調」と見なし、「社会復帰」を無理・無駄とするところから新たな共同体を生み出し、病む苦しみを含めて自己を受容していく、そうした語りの立ち上がりのさまである。そこでは、不登校の文脈では強く結びつけられていた事柄、すなわち、自己の状態を「選択の結果」として「肯定」すること、「社会に出ていける」とすること、ありのままの存在を受容すること、という三つは、それぞれ独立に言いうるものと捉えられている。

このような語りを、不登校を受容するうえで示していくことは必要なことであり、それはまた、より広くマイノリティの受容の物語と連結させていく土台にもなりうるのではないだろうか。

5　おわりに

不登校の「その後」は、単に進学・就職といった事柄が問題とされる事態ではない。それは「今ある社会に出てゆく」というのではなく、「社会とつながる」ことそのものの意味を捉え直すような契機である。他者や集団とつながるとはどういうことか、そのありようがどのように多様でありうるか、そこに生じる不具合をどう受け止めてゆくか——それらを含めて見つめなおすとき、不登校について考えるということは、学校に行く・行かないを超えて、「「社会」とつながる」ことそのものについて考えることに近づいていく。

このことは、不登校を病理・逸脱と捉える支配的な見解にいどみ、「病気ではない、それは本人の選んだ人生なのだ」として子どもや親にもうひとつの道筋を示して見せた人びとが、親の会や居場所の創設とそこでの多種多様なやりとりを通じて抱えつづけ、取り組みつづけた主題でもあるだろう。だからこそ、いま問わねばならないのだと思う。不登校を「病気ではない」とすることが「不登校でも何の問題もなく「社会」に出ていける」とすることとイコールであり、そのことがすなわち、学校に行かない子どもやその親の存在をありのままに受け止めることを意味する、というその一連の含意が、いぜん強固に結びつきあっていなければならないことの必然性を。

もしもそれが必然だとするならば、不登校を「病気である」とすることがそのまま「不登校では社会に出てゆくことができない」ことを意味し、子どもや親のありのままを認めないことである、とする支配的な物語と相変わらず対をなすことになり、不登校をめぐる語りはこの二つしか存在しえないような、不毛な二項対立へと回収されてしまうだろう。

私は不登校という主題をそのように矮小化してしまいたくはない。なぜなら、不登校を経験する人びとの思いは、そのどちらかに当てはめることなど到底不可能な、多様性と矛盾に満ちた豊かな広がりをもつものであり、親の会や居場所における実践も、そのことを誇りをもって受け止めたうえに成立してきたものであることを、感じずにはおれないからである。

さらにいえば、これは何も不登校の「その後」だけの問題ではないだろう。おそらくそれは、不登校の渦中にある子どもを直視するなかからも、また、不登校を経由せずとも人とのつながり方につまずきを経験する人びとを見つめなおすところからも、考える必然性を十分に見出すことが可能なものであるに違いない。

今の自分やそれがつながっていく未来のことを考えると、膝を抱えてうずくまってしまいたくなる、ゆきばのなさ。何をするにも規準はないのに、いつも誰かに測られている感じ。「よい／わるい」「正しい／まちがい」の軸が揺らいでいるばかりではなく、「したい／したくない」という自分自身の感覚に依拠した規準さえ、もうおぼつかない――「社会とつながる」うえでのこうした漠然とした不安感を見つめ、受け止めてゆくひとつの切り口として、不登校を捉え返すことができるならば、不登校は子どもや親の思い悩みの深度に見合うだけの、豊かな主題でありつづけられるのではないか。

6 支援者と当事者のあいだ

1 「支援者」の揺らぎ

ある「子ども・若者の居場所」に関わる人の言葉を引用しよう。

関わり方としては、変といえば変なんですよ。自分が不登校の当事者だったわけではないし、かといって、不登校を支援したい、そのために役立ちたいと思ったわけでもない。そこから一緒に考えていくというか。そういう風に言うとちょっときれいに言い過ぎかもしれませんが。でも、基本のスタンスとしてはそういう感じでやってきたと思います[(1)]（Aさん、インタビュー）。

（1）「Aさん」の発言は、二〇一〇年七月二八日、同八月二日兵庫県西宮市にて貴戸が行ったインタビューによる。

これは、関西で不登校・ひきこもりをはじめとした「生きづらさ」を抱える若者の居場所を運営するAさん（三七歳男性）の言葉である。Aさんは大学時代、学生新聞の取材を通して不登校の子どもたちに出会い、話を聞くうちに「なぜ自分は学校に行ったのか」を問うようになった。「考えても考えても、そこが空洞というかね、何もないというところに、すごく衝撃を受けた」というAさんは、大学を中退して不登校の子どもが集まるフリースクールのスタッフとなる。後にみずからフリースクールを立ち上げ、さらに学齢期を過ぎても人間関係や働くことにつまずきを覚える若者のための居場所を開設。学校や社会との折り合いがつきにくい子ども・若者との関わりは、二〇年近くになる。

先の引用に述べられているように、Aさんに不登校の経験はない。Aさんはだから、「自分は当事者ではない」という。ならば「支援者」かというと、そうでもない。「非当事者として当事者を支援する」というスタンスは採らないという。Aさんの活動や言葉からは、この問題を「我が事」として受け止めていることが見て取れる。また、Aさんは若者の居場所の運営からはほとんど収入を得ておらず、いくつかの非正規の仕事を掛け持ちしている。その意味でも、「（仕事や人間関係という）若者の問題は、（不登校より）ますます他人事ではない」（Aさん、インタビュー）。

Aさんの居場所には、不登校、（高校・大学）中退、いじめ被害、ひきこもり、ニート、不安定雇用、メンタル不調、経済的困窮など、さまざまな「生きづらさ」を抱える人びとが集う。Aさんはその運営者であり、参加者である。彼は「支援者」だろうか、それとも「当事者」だろうか？

2 「当事者」・「支援者」が曖昧な「生きづらさ」の現場

Aさんにかぎらない。若者の「生きづらさ」を支援する場では、当事者とも支援者ともつかない人によく出会う。もともと当事者ではなかったが、支援に関わるなかでいつのまにか学校や仕事を辞め、当事者のようになっていく人。当事者であったが、その後支援現場のスタッフになったり新たに場を立ち上げたりして、支援者の側に近づいていく人。このような当事者と支援者の区別のつきがたさは、たとえば障がいの文脈とは異なる、「生きづらさ」に固有のもののように思われる。

障がいの文脈では、当事者とはどの範囲の人びとかを、ある程度社会的属性によって判断できる。それは何よりもまず障がい者本人であり、支援者や家族ではない。もちろん、「支援者も家族も、その立場において当事者だ」とする主張もありうるし、現在は健常者である人が後に障害を持つ可能性もあるだろう。けれども、直接自分の身に社会的不利益を被っており、問題から撤退することができないという点で、当事者は（少なくとも第一義的には）本人である。

一方、「生きづらさ」の文脈においては、そのような分割線を引きにくい。フリーター、ニート、ひきこもり、不登校などはいずれも、「学校に行っていない」「職に就いていない」など「〜していない」という否定的に記述された状態を示す。状態は属性と異なり、本人が学校に行くことによって、あるいは職に就くことによって変化していく。

不登校の人が学校に行くようになれば、ニート状態だった人が働くようになれば、その人は「当事者」でなくなる、と言えるだろうか？　そうとは言いきれない。いま学校に行っていたとしても「不登校はどの子どもにも起こりうる」(2)し、「安定した男性労働」が揺らぐなかでは、正社員もいつニートやフリーターになるかもわからない。キャリアをめぐる問題は、学校に行こうが、仕事に就こうが、続いていく。「ふつうの人」も、「生きづらさ」と無縁ではないのだ。そこでは当事者と非当事者の境界は暫定的で、曖昧である。

3　「マイノリティとしての当事者」と「関与者としての当事者」

文脈によって、「当事者」という言葉の意味に違いが出てくる。この違いをもう少し掘り下げてみよう。

「当事者」論の火付け役とも言うべき中西正司と上野千鶴子による『当事者主権』（二〇〇三年）において、主に「当事者」として言及されているのは「障がい者」と「女性」である。そこでの「当事者」は、いわば「マイノリティとしての当事者」である。マイノリティ（社会的少数者）とは、既存の社会において集団的に差別される存在であり、それゆえに既存の社会を変革する「ニーズ」を持ちやすい。この社会的属性に主体的に同一化し、自覚的にニーズと向き合うとき、人は「当事者」に「なる」という（中西・上野 二〇〇三）。

「生きづらさの当事者」は、これとは少し違う。「生きづらさ」の当事者には、女性や障がい者などマイノリティとしての属性を持つ人も多いが、持たない人も少なくない。彼ら・彼女らは、集団的な差別の帰結というよりは、競争のなかで「なぜ分わからず、たまたま」つまずいてしまい、悩みを抱えてしまった人たちといえる。そしてそのつまずきの経験から、この社会を問い直そうとしている。

留意すべきは、「いつ・誰が漏れ落ちてもおかしくない」と、「特定の社会的属性を持つ者が漏れ落ちる可能性が高い」という二つの現実が発生している点だ。背景には、日本では九〇年代以降に顕在化した長期的安定性の揺らぎと市場競争の広がりがある[(3)]。この時期、正社員のパイが減り、雇用の非正規化が進み、さらには仕事そのものが、キャリアアップの見込めない「使い捨て労働」や、ノルマと残業に追われる過重労働など「過酷」なものへと変貌していった。

競争を経由することで、「弱者」は「敗者」に、「強者」は「勝者」に読み替えられる。リスクは「個人化」され、個々の不遇は社会的不平等よりも個別の至らなさの帰結だと認識される(Beck 1992＝1998)。社会的不平等はいまだ色濃いにもかかわらず、強力な自己責任論のもとではそれは

---

(2) 一九九一年、文部省(当時)は最終答申「児童生徒の『心の居場所』づくりを目指して」において、「登校拒否」(不登校)に対して、それまでの子どもや養育者に問題があるとの考えをひるがえし、「どの子にも起こりうる」とする認識を示した。

(3) もっとも、不登校やひきこもりは、戦後日本社会が長らく抱えてきた根源的な問題であり留意が必要である([貴戸 二〇一一]参照)。とはいえ、この二〇年の社会情勢の変化が、不登校・ひきこもりを不安定雇用やメンタル不調など より広い「生きづらさ」に接続するものとして再編したことは確かだろう。

いっそう見えにくい。たとえば、「大卒男性フリーター」が出現してはじめて不安定労働は社会問題化されたが、実際には大幅に雇用が減ったり非正規化が進行したのは、高卒者や女性においてだった。ここには社会経済的な不遇に加えて「問題化されない」という差別が二重に働いている。

こうした状況を踏まえれば「生きづらさ」は、総体的には依然としてマイノリティにおいてより深刻なかたちでもたらされるのと同時に（それ自体大きな問題なのは言うまでもない）、個別的には、マジョリティにも例外なく降りかかるといえる。「生きづらさ」においては、フリーター、ニートだけでなく、この社会に生きるすべての人が、「当事者」になりうるのだ。

たとえば、プレカリアート運動に関わる作家の雨宮処凛は、二〇〇八年の「自由と生存のメーデー」について次のように記す。

フリーターなどを中心として始まったこのメーデーには、今や「金持ち」以外のあらゆる人々が参加し、「生きさせろ！」と訴える。「わしらはみんな生きている」というダンボール製のプラカードを持ったホームレスのオジサン、車いすに乗った障害者の持つプラカードには「自立支援法では自立できません」、「バイト首切り↓社員過労死」という横断幕を持つガソリンスタンドで働く人々、派遣社員もいれば正社員もいるし、「名ばかり管理職」もいればゴスロリ少女もいる。手首にびっしりと傷をつけた女の子もいれば、これから社会に出る中学生、高校生もいるし公務員もいる。（中略）「生きづらさ」の種類は同じかもしれないし、違うかもしれない。だけど「生きるのがめちゃくちゃに大変」なこの国で、傷ついてきたことに変わりはない（雨宮二〇〇八）。

ここに挙げられた「生きづらさの当事者」たちは、何か特定の社会的属性によって結びついているのではない。そこでは「ホームレス」と「リストカッター」と「公務員」が一堂に会している。結び目となっているのは、問題をやり過ごしたり、見ないふりをするのではなく、積極的に取り組もうとする関与の姿勢だろう。

このような「当事者」を、「関与者としての当事者」と呼んでみたい。雨宮は、『ビッグイシュー日本版』において「世界の当事者になる」とする連載を持っているが、その副題は「I'm concerned（私は関係がある）」となっている。「マイノリティとしての当事者」と「関与者としての当事者」の違いは、表のようにまとめられる（図6－1）。

	マイノリティとしての当事者	関与者としての当事者
イメージ	障がい者、女性など	生きづらい若者
英訳	minority	the concerned
対義語	社会的多数者（majority）	傍観者（見て見ぬふりをする人）
属性／状態	属性	状態

図6-1　当事者性の相違

4　「生きづらさ」支援を考える

では、「生きづらさ」を支援するとはいったい何を意味するのだろうか。

「固有のニーズを持つ当事者があり、そのニーズを満たすため支援者が働きかける」という支援モデルは、ここでは当てはまりにくい。なぜなら支援者もまた、生きづらい現実のなかで学校に行ったり、働いたりするこの社会の一員であるからだ。支援の場はひとつの「職場」であり、支援者‐被支援者関係もひとつの社会関係である。

現在、不登校、ひきこもり、ニートなどの支援を掲げる民間活動は多く存在しており、少なくない活動が、支援者たちの高い問題意識と利益を度外視した奉仕性によって支えられ、重要な成果を挙げている。だが、そこは支援者にとって、不安定さや過重労働を伴わない職場と言えるだろうか？　支援者は孤立していないだろうか？　そもそも支援者という生き方に至るまでの経歴において、被支援者に接続しうる「生きづらさ」が抱えられてはいなかっただろうか？

「生きづらさ」は、仕事や人間関係など「この社会のなかで生きる」ことそのものに関わっているため、誰も「第三者」として外部に立つことはできない。

このように考えてみれば、「生きづらさ」支援は、「就労支援」「就学支援」には還元されないことがわかる。それは言わば「当事者に出会うなかで、支援者もまた、この社会で働き・人と関わりながら生きる一人の当事者となり、それぞれの立場から、ともに既存の社会の仕組を問い直してゆく」という実践だろう。支援者は「関与者としての当事者」になることを求められるのだ。

こうした考えは、決して目新しいものではない。「就労」や「登校」をゴールとしないある種の関わりの場では、すでにそうしたモデルが生きられている。冒頭に挙げたAさんのケースは、そのひとつである。

また、「ひきこもり」の経験者、支援者であり、この問題を考察する専門家でもある上山和樹は、これを「読み合わせ」と呼ぶ支援論として展開する。「読み合わせ」支援とは、それぞれのシナリオを持った役者が一つの芝居を作るように、本人・親・支援者・専門家などニーズの異なる関係者が、対等に話し合うなかで互いのニーズを調整してゆくことである。このような支援が提起される背景には、上山の抱える次の違和感がある。

ひきこもっている人は、くり返しくり返し、「なぜひきこもっているのか」を問われます。なぜかといえば、社会に参加するのが当然だとされるから。ひきこもり支援とは「社会復帰させること」だし、支援者は自分の仕事について、「いかに復帰させるか（How）」を考えればいいのであって、「なぜ復帰させるのか（Why）」は考えなくていいことになっている。ここに、根本的なすれ違いを感じます（上山 二〇〇八）。

問われているのは、「支援者＝支援する人」「当事者＝支援される人」という支援現場の自明視された非対称性である。「社会に参加するというのは、実は周囲の関係に参加できるということ」という上山は、「支援」という営みを「社会参加」のための手段ではなく、それ自体が「社会参加」になりうるものとして構想しようとする。

ひきこもる人を「ひきこもらないように」変化させるのではなく、その人がひきこもりに至る自己の核心を捨てたり変えたりすることなく、社会とつながるための支援。それは、もはや「支援」という言葉が元の意味をずらされてゆくような実践だろう。

5　おわりに

以上では、「生きづらさ」という文脈において、支援者／当事者の区別は曖昧化することを見てきた。

「マイノリティとしての当事者」の文脈では、社会的に負荷がかかった人びとのニーズを何よりも優先する必要があり、当事者と支援者は区別される。「支援者もまた当事者である」ということは、そこでは、当事者が固有に被る社会的差別を過小評価する可能性を持ってしまう。

だが、「関与者としての当事者」はそうではない。そこでは逆に、みずからを「当事者ではない」と位置付けることは、労働や人間関係の問題を「一部の、社会性のない、怠惰な人」の問題に閉じ込め、「社会性を身に付けさせ、矯正して社会に送り出すこと」が支援だと規定することになってしまうのだ。

『当事者主権』（中西・上野 二〇〇三）以降、「当事者」という言葉は様々な場面で取り上げられ、ブームとなった。ばらばらに発展してきた動きを、当事者というひとまとまりの概念で把握することを経由したいま、もう少し細部に分け入り、個々の文脈による「違い」を明らかにする必要が生じてきているように思う。当事者という言葉を、最も可能性に富むやり方で使っていくために。

7　不登校の子どもの「居場所」を運営する人びと
——それでも「学校に行かなくていい」と言いつづけるために

1　はじめに

一九九〇年代後半以降、「個人が社会に出ていく」局面としてのポスト青年期への関心が高まっている。そうしたなかで不登校もまた、二〇〇三年度に「不登校問題に関する調査研究協力者会議」が「心の問題」だけではなく「進路の問題」とするなど、以前にもまして「その後」の人生との関係において注目されるようになってきた。

では、不登校における「その後」とは、どういうものだろうか。それは不登校という事象に関わってきた人びとにとって——ことに不登校の子どもの「居場所」（後述）を運営してきた人びとにとって、新たな局面をひらくように思う。そのような「居場所」においては、「学校に行きたくない」という子どもの気持ちを受け止め、子どもの存在を根底から受容することが、不可欠とされてきた。そのなかで、不登校を学校制度の歪みの所産とし、「子どもの選んだひとつの生き方として肯定する」という語りが生み出されていった。こうした語りは、不登校に否定的な状況で悩み苦しむ子どもや親を受け止め、その苦しみを減じるうえで大きな意味を持ち続けている。けれども二〇〇〇年代以降、進学や就労といった場面を考慮に入れれば、不登校を「子どもの選んだ生き方」と語ることが、必ずしも子どもの存在を受容することを意味するものではなくなってきている。こうした不登校を肯定する語りが出現した、一九八〇年代後半以降に不登校となった人びとが大人になった現在、彼ら・彼女らのなかには「社会に出る」ことに困難を覚える人びとが存在しており、こうした人びとは「不登校でも何の問題もなく社会に出ていける」という語りだけでは、自分の存在を肯定的に語ることは難しい。

このような状況のもとで、「居場所」では、不登校の子どもを肯定する語りを保持したまま、「社会との接続のサポート」を行うあらたな実践が模索されはじめている。そこでは、「居場所」における実践と語りのあいだの関係が変化していかざるをえない。不登校をめぐる語りについては前著（貴戸 二〇〇四）で触れたが、そこでは実践と語りの関係については検討が不十分であった。以下では、「子どもに寄り添う」という共感的な援助者の立場から、不登校児の「居場所」を運営してきた人びとに着目し、これらの人びとへのインタビューを通して、「その後」との関連における不登校サポートの実践とそれをめぐる語りについて部分的な素描を試みる。そのうえで、「居場所」における実践と語りがそれぞれどのような意味を持つのか、両者のあいだにはどのような関係があるのかを探っていきたい。

2　専門家の言説と不登校の「その後」

不登校の「その後」について、「居場所」関係者が元不登校で大人になった人びとの生活に照準し、不登校を肯定しつつ新たなサポートを行おうとしているに対し、心理学・精神医学や教育社会学などの専門家たちは、「個人が社会に出ていく」局面との関連でそれを主題化している。

心理学・精神医学では、主として「ひきこもり」に代表されるような、個人の自立や精神疾患との関連で論じられる。治療者の観点から「ひきこもり」を問題化する斎藤環は、全ての不登校が問題ではないとしつつ、「見事に自立し、社会参加を果たした不登校児の「エリート」たちのかげには、焦りを感じつつも社会に踏み出すことのできない、膨大な数の元不登校児たちがいるような気がします」（斎藤 一九九八、三七頁）と述べる。同様に精神科医の河合洋も、安易な母子関係原因論や非受容的な登校強制を否定しながら、一方で「不登校児は病気ではない」とする「スローガン」「運動」からの距離を表明し、「二十歳、三十歳を超えてなお閉居をつづけたり、精神障害などのために悩んでいるかつての「不登校児」たち」を問題化している（河合 一九九八、二二一頁）。

この事態は、教育社会学の観点からは、学校制度から労働市場への移行に際する進路形成や階層化の問題として語られる。苅谷剛彦は、いじめ、不登校、学級崩壊などの現代の教育問題においては、「個性尊重」「子ども中心」といった子ども個人を焦点にした情緒的で近視眼的な視点のみで語られることが多く、長期的視点や社会構造的視点が軽視されており、教育の不平等が社会的不平等へと接続してゆくことが看過されていると指摘する（苅谷 一九九五、二〇〇一）。また、広田照幸は「学校に行かないことは別に問題ではない」という議論の必要性を十分に認めながら、その一方に存在する「不登校がもたらす現実的な不利益」に目を向け、「学校という制度から早期に離脱することは、労働市場における弱者への転落を意味している」と論じている（広田 二〇〇四、三四―三五頁）。

こうした観点からは、しばしば不登校を全面的に受容する態度と不登校後に直面せざるをえない不利益の認識は相容れないものと捉えられており、不登校を根底から受容するという「居場所」関係者のスタンスは、「社会に出る」という問題を看過しているものと見なされがちになる。

確かに、「居場所」関係者は、不登校の子どもの「ありのまま」を受容し、不登校の状態を肯定する言葉をつむぐ。しかし、それがすなわち不登校による社会的不利益や心理的問題を看過していることにはならないのではないか。むしろ、そうした「その後」の問題にもっとも身近に触れる機会を持つ立場のひとつが「居場所」における援助者たちであるとするならば、「不登校による不利益」を認識しつつなお不登校を全面的に受容するという、一見矛盾らしく見える態度がそなえている意味を、彼ら・彼女らの現実感に即して明らかにすることが必要なのではないだろうか。

3　調査対象と調査概要

以上のような関心に基づいて、「居場所」を運営する人びとにインタビューを行った。

ここでいう「居場所」とは、主として不登校の子どもを受容的に支援する民間施設で、受験指導や学校復帰を目的とせず、子どもの自主性の尊重を重視する学び・育ちの場である。「居場所」の代表的なものはフリースクール・フリースペースと呼ばれるものであるが、本論では運営する側の認識に焦点を当てるため、学習塾的な要素を持つものであっても、上記の内答に沿うかぎりにおいて「居場所」と位置づけた。

不登校の子どもを受け入れる学校外の施設は、①運営主体（公営／民営）、②運営目的（営利／非営利）、③運営理念（学校復帰を目的とする／しない）などの点で質的な多様性を持っている。公設のものには教育委員会設置の教育支援センターがあり、学校復帰を目的としている。民間運営の施設のなかには、「営利／非営利」および「学校復帰を目的とする／しない」の別がある。営利目的の代表的なものが、不登校児を対象とする予備校やサポート校などである。これに照らせば本章の対象は、①民間運営のものの中で、②「非営利」の、③「学校復帰を目的としない」場ということになる。

対象となったのは、首都圏で「居場所」を運営する三人（Aさん（四〇代男性）、Bさん（四〇代男性）、Cさん（五〇代女性））である。二〇〇五年三月から四月、彼ら・彼女らの「居場所」に足を運び、それぞれ二時間から四時間ほど話を聞いた。

4 「居場所」を運営する人びと

勉強も人間関係も「いつか」やればいい――Aさんの事例

Aさん（四〇代男性）は、自宅の一室を開放して不登校経験を持つ子ども・若者たちに緩やかな学習サポートを行っている。

Aさん自身は不登校であった経験は持たないものの、受けてきた教育への不満を抱えていたという。制服や髪型といった生活指導の部分よりも、授業の中身そのものに対して、「つまらない、分からない」という思いがあった。教育に対するアンビバレントな思いから、大学では教職課程を取ったが教員になることはなく、学生時代に出会ったフリースクール思想の影響を受けて、一九八六年横浜に「P塾」（仮名）を開設した。P塾のスタッフは基本的にAさん一人。子どもたちが訪れる時間は、週のうち定められた三つの曜日の午後二時から八時までのあいだであれば、いつでもよいとされている。

Aさんの実践は、不登校をはじめとする子どもたちの学校や社会との折り合いのつきがたさを受け容れながら、学習のサポートを通して、その子なりの進路形成を援助するというものである。「学校に行っていなくても、人と関係を作れていれば何とかなる。それもいつか作れればいい。人付き合いも勉強も、いつやってもいい」という長期的な視点に基づく関わりがなされている。「気持ちが入っているときでなければ、勉強は身につかない」とするAさんは、子どもたちが「楽しい」と感じ、積極的に興味を持つことを重視している。

Aさんは、学校に行かない子どもを十分に受け止めることが重要だとする一方で、「いろんな子がいるけど、見ていて「行かなかったからすごくよかった！」というケースはあまりない」「行けるなら行った方が楽なことが多い」としている。そのうえで「だから無理にでも学校に戻ったほうがよい」というスタンスをとらないのは、学校に行かない子どもたちが抱えるせっぱ詰まったままならなさに対する共感があるからだ。

その時点でその子がどう思うか、しかないですね。その時に行けなかったんだから、そういうことなんだと思う。子どもの中でもなかなか「学校を切り離す」というふうにはならないんじゃないかな。だって、そう簡単には行かなくはならないんだもん。不登校の子どもを見て「じゃあ俺も学校やーめた」って行かなくなる子はいないでしょ。それでも行けないっていうのは、それだけの大きな何かがあるんだと思うんだよね。その時はやっぱり無理をしたらいけないと思う（Aさん　インタビュー）。

Aさんのもとで時間を過ごす子どもたちのなかには、義務教育年齢を過ぎて「不登校」ではなくなっても、社会との接続がスムーズにいかない人びとがいる。「来ている子の年齢が上がってくる」ことは一〇年ほど前から意識しており、現在では「学ぶ」場所と同時に「働く」場所の必要性を感じているという。「二五歳までは家にいても本人も親もとりあえずいいけれど、その後がある。親は自分が死んだあと子どもがやっていけるか不安なんだと思う」とされるように、そうした人びとが安心して年齢を重ねるために、ゆるやかに働ける場所の提供は切実に重要だと考えられている。「資金もないし、ひとりではできないことだけど」としながらもAさんは、「都会にも田舎にも拠点があって、農作業ができたりするのが理想」と語った。

「不登校対策」ではなく「選択肢の充実」としてのフリースクール――Bさんの事例

Bさん（四〇代男性）が子どもと関わるきっかけとなったのは、大学時代から一〇年あまり関わった美術教室で「子どもたちの元気がなくなっている」と直感したことだったという。高校までの「点取り虫でずっときた」自分自身に疑問を抱き、大学で美術を専攻したBさんだったが、元気のない子どもたちの姿を見て、「点取り虫の教育はだめだと思ってきた自分自身が、美術を教えることで放課後の子どもの生活を管理してきたのではないか」と思うようになった。その後八〇年代前半、子どもの自由な遊びの実現を目指す東京都世田谷区のプレーパークや、オルタナティブ教育の思想に触れたBさんは、美術教室を超えた子どものための自由な「居場所」の実現を目指して、一九八五年に同じ目的を持つ仲間たちとあるフリースクールを立ち上げた。その後七年ほどでBさんは独立し、アパートを借りて新たに「フリースクールQ」（仮名）を始めた。現在の専任スタッフはBさんひとりだが、ボランティアとして退職後の男性や近所の主婦、学生そして不登校経験を持つ若者で大人になったあとも不登校について考え続けている人などが関わっている。十数名の不登校の子どもたちが、ほぼ毎日から半年に一回まで、それぞれのペースで通ってくる。

子どもに接するうえでBさんが重視するのは、「遊びイコール学び」という考えである。

小・中学校時代は「遊び切る」ことが大事だと思うんですよ。子どもたちは「遊ばせてもらう」ことを考えるようになっていて、自分で遊びを生み出すことができなくなってる。というより、もうあきらめさせられてるんだよね。遊びとか遊び心、「おもしろそう！」と思う気持ちが、研究や発明や芸術にもつながっていくわけでしょう。ほんらい遊びと学びは分けられないもののはずなのに、学校ではそれがくっきり分かれていて、遊びの方をおとしめてしまうんだよね（Bさんインタビュー）。

そんなBさんの経営するフリースクールQでは、教科学習やきっちりした時間割などの枠組を重視するのではなく、「その場で過ごすことが社会性の習得や総合学習につながっていく」という発想を基本においている。活動方針を決める週二回のミーティングには子どもとボランティアを含むスタッフが参加し、「ろうそく作り」「ご近所パトロール」などゆるやかなプログラムが提案される。

また、Bさんは「居場所」経営の目的を、「不登校対策」というよりも自分に合った学び育ちの場を子どもたちが自由に選べるよう、既存の学校教育のほかに選択肢を提供することだと捉えている。子どもたちの「やりたいからやる」「来たいから来る」というあり方を「基本」だとするBさんは、子どもが「主体である」ことを重視するみずからの実践を、「現代の教育へのアンチテーゼ」だと語る。その一方で、「フリースクールがパーフェクトだとは思っていない。合ってる子が来ればいい」とも言う。ともあれ、行政による財政支援がまったくないなかでの経営は厳しく、会員の金銭的負担の多さやスタッフの過重労働など多くの困難を抱えざるをえないのが現状だ。

フリースクールに関わり始めて二〇年あまりが経過したBさんの周辺では、かつて関わった子どもたちが大人になり、「大工さんやったり、木彫りをやったり、元気にしている人もいるし、まだまだつらい人もいる」とされるように、さまざまな不登校の「その後」が見え始めている。Bさんは四年前から毎年「先輩が語る不登校」という公開イベントを実施し、そうした人びとが親や教育関係者の前で語る機会を設けている。みんなの姿を見たり言葉を聞いたりして、今苦しんでいる親や子どもが少しでも楽になってくれればいい」とする一方で、「不登校だったけどこんなに元気にやっています、という話だけじゃなく、つらい部分も含めて、いろいろな話があっていい」とBさんは語った。

子どもに寄り添いながら自信につながる学習をサポート——Cさんの事例

Cさん（五〇代女性）は、四〇歳になったとき、それまで就いていた出版関係の仕事から少しずつ手を引き、不登校の子どもたちが集まる地元のフリースペースをボランティアとして訪れるようになった。「人生の折り返し地点」を機に「未来のある子どもたちに命を還元したい」と考え、「二度とない子ども時代を苦しみ通すのではなく、よい思い出をたくさん作ってほしい」と願ったためだ。

フリースペースでは子どもの学習サポートを行った。「受験戦争の片棒を担ぐのは嫌だ」という思いがあったが、不登校の子どもの希望で学習の援助を行ったところ、その子はだんだん自信を持ち、元気を回復させていった。それがきっかけとなり、Cさんは自宅の二階を開放し、不登校の子どもを中心に学習サポートを行う「Rハウス」（仮名）を開設した。以来一七年あまりその仕事を続けている。

不登校についてCさんは、「学校が悪いとかいいとかではなくその子の「選択」だと思っている。だから不登校の理由にはこだわりたくなかった。「命」が学校に合わなかったということ。言葉にならない「命」で感じる部分」だと語る。そんなCさんのスタンスは「必ずしも学校に戻そうとは思わない。その子が「行ってみようかな」と思ったらサポートする。すべて子どもの動きに伴走していく」というものだ。

みんないつか戻っていくの。中学で行けたり高校で行けたり、大学や専門学校だったり、その子その子で違うけれど、いつか自分の生き方に戻っていける。生き方を修正して、元気をためて動く、そのタイミングは子どもの感覚だよね。「成長を待つ」という関わり方があると思うの。ほんらい心にも脳にも自然治癒力があるし、子どもたちの学ぼうとする知識欲やエネルギーはすごいと思う。エネルギーはいつか湧いてくるってわたしは信じているの（Cさんインタビュー）。

そうした「エネルギー」を補給するもののひとつに、「生きることにつながる学習」があるとCさんは言う。「成績ではなく「分かるようになる」ことが大事。「できる」「行ける」「やれる」というものが、どこかに必要」とされるように、学習は「その子が生きていくうえでの自信につながるもの」と捉えられている。

もちろん、スムーズに学習に取り組むことのできない子どももいるが、そうした子に対してCさんはあくまでも「し始めるのを待つ」としており、「まず本人が何をしたいかを聞く。そして、絵が好きなら絵を見に行こうって、一緒に動く」という。

とはいえ、初期から関わってきた子どもたちが大人になるにつれて、彼ら・彼女らのなかに学校や社会との接続がうまくいかず、精神科にかかわりつづけ、薬を飲みつづけるなどシビアな現実を生きざるをえない人びとがいることが明らかになってきた。「知識がないとこの人びとを傷つけてしまう」と感じたCさんは、「Rハウス」を運営する傍ら、大学に入り直し、新たに臨床心理学を学んだ。卒業したころ、かつての子どもたちは三〇歳前後になっており、親たちは年齢を重ね「子どもを世話する限界」となっていたが、収入のない彼ら・彼女らは、親元にとどまっているほかない切実な状況があった。「障がい者手帳を持っている子は年金をもらえるけど、不登校からひきこもると本当に収入がない。一〇年ひきこもったら履歴書は真っ白で、やっとの思いで踏み出しても職はなく、また外に出られなくなる」(Cさんインタビュー)。

そうした状況を変えていこうと、現在、Cさんはひきこもりや精神障害を持つ人びとのためのグループホームを構想中である。「少し不安定でも、親元から自立して安心して生活していけるように。理想は、作業所と保育所とシルバーマンションと病院が、同じ敷地にあるようなところ」と語る。実際に、その第一歩となる就労支援を目的とするNPO法人を一年前から立ち上げており、Cさんの仕事は、学齢期の子どもの学習サポートから大人になった人びとの就労サポートへと、緩やかに移行しつつあるようだ。

5　それでも「学校に行かなくていい」と言いつづけるために

三人はいずれも一九八〇年代後半から「居場所」を始めており、一〇年から二〇年に及ぶ不登校との関わりを経て、二〇〇〇年代の今にちでは不登校経験を持つ人びとの「その後」に関心を寄せるようになっている。Aさん、Cさんは就労支援やグループホームという形で社会的な「自立」をサポートしようとしており、Bさんは社会との接続が順調な人も必ずしもそうではない人も含めて「経験者の語り」に着目しながら、不登校経験を「その後」との関連で検証しようとしている。「その後」に着目した具体的な不登校支援が、不登校の子どもに長年関わり続けてきた現場から、これまでとは違ったかたちで現れ始めているといえるだろう。

一方で、その実践を表す彼ら・彼女らの語りは、「ありのままの子どもを受け止める」「子どもの主体性を尊重する」という表現に収斂されうるものであり、しばしば「ずっとそういう思いを持ち続けてきた」とされるように、「居場所」を始めた一九八〇年代当時から変化していない場合が多い。Aさんが「絶対に無理をしてはいけないところ」だと言い、Bさんが「不自由な学校教育を無理に受けなくていいように、フリースクールという選択肢を」と言い、Cさんが「不登校はその子の「命」の選択」と言うとき、そこには「居場所」の運営者である彼ら・彼女ら自身が感じる学校制度への違和感と、そのような学校から距離を取ろうとする子どもたちへの深い共感が表れている。それは「居場所」の運営者としての彼ら・彼女らの一貫したスタンスなのである。

とはいえ既に見たとおり、「大人になった元不登校児」と間近に触れ合う「居場所」関係者たちは、それがつねに「不登校でも問題なく社会に出ていける」とする像と重なるものではないことを、よく知っている。「みんないつか自分の生き方に戻っていける」（Cさん）、「人付き合いも勉強もいつやってもいい」（Aさん）とされる一方で、彼ら・彼女らが実際に向き合っているのは、大人になってなお「自分の生き方」を明確には見出せないまま、「人付き合い」や進学・就労に困難を覚える人びとなのである。

「その後」の「不利益」を見据えたうえで、彼ら・彼女らは、「だから学校には行ったほうがよい」と不登校の全面受容にためらいを見せるのではなく、それでも「学校に行かなくてよい」と言いつづけるために、必要な支援を独自に調達しようとしている。それは決して、たとえば教育社会学の議論が指摘するように、教育の理想を中心に語り、次世代再生産や学歴社会といった構造的な視点から切り離して論じようとする態度ではない。

「居場所」における実践は、何よりも現場のニーズに敏感に反応するかたちで、それを形容する新たな語りの生成に先行して、いち早く変化しつつある。

6　おわりに

不登校を子どもの「選択」として受容する語りと、「不登校による不利益」に対応するサポートを行う実践。ここには、実践とそれを表す語りとのあいだにずれが見られる。このずれは、時として、彼ら・彼女らの言葉のみに触れる人びとに、「不登校後の不利益」を看過しているという「誤解」を生じさせる危険性をそなえている。

ではなぜ「居場所」関係者たちは、「その子の選んだ生き方を尊重する」にしろ「不登校・フリースクールという選択肢を」にしろ、子どもをあたかも「選択」の主体でありその結果を引き受けるべき自立した個人であるかのように語るのだろうか。現実には、それらの語りは、子どもを一個の独立した主体として見なすというよりも、「(学校に)行けないっていうのは、それだけの大きな何かがあるんだと思うんだよね。その時はやっぱり無理をしたらいけないと思う」(Aさん)とされるように、目の前で悩み苦しむ存在を根底から受容する態度を意味しているようにみえる。

あるいはそこに、「近代的主体の語り」の不自由さを見ることができるかもしれない。伝統的な共同体からの「脱埋め込み disembedding」を経験した近代の人間は、キャリアや関係性を「選び取る」ことによって「自分とは何か」を自ら明かしていかねばならない(Giddens 1990:邦訳書 一九九三)。「選択」は主体性の証明となり、そこに、「不登校を選んだ」とすることが、子どもを「一人前の、十全な存在」として「肯定」することに重なるとする発想が出てくる。不登校における「その後」とは、こうした語りの不自由さを問いなおす契機でもあるといえるだろう。

繰り返すが、この語りの不自由さを、彼ら・彼女らの実践はすでに乗り越えつつある。いまだ言葉にされてはいないこの現実は、文脈依存的なものである。「居場所」に直接身を置かずその文脈を共有しない者は、「不登校の全面的な肯定」を批判するだけでは、「居場所」の持つ可能性を見落としてしまうと、自戒を込めて思う。専門家にとって必要なのは、こうした実践を適切に表現しうる言葉を「居場所」に供給してゆくことではないだろうか。

第Ⅲ部
新たな「社会とのつながり」へ

8 「働かないことが苦しい」という「豊かさ」をめぐって

1 「働かないこと」が苦しいということ

まず、学校にも職場にも属していない、二〇代後半の女性・Aさんの語りから始めたい。

私はまだ親の家に住んでいて、家賃がかからない。親に学費を出してもらって大学にも行った。今、職に就いていなくても生きていけている。そう思うと、申し訳ない気がする。「選ばなければ、死ぬ気でやれば、就職できるでしょ」と言われたら何も返せない(1)（二〇代後半、女性）。

ここには、働いていないことにまつわる「苦しみ」が表現されている。働いていないことが本人に「苦しみ」をもたらすのは、めずらしいことではない。Aさんの思いは「申し訳ない気がする」

とやんわりとした自責の念に向かっているが、同じポイントで「こんな自分には価値がない」と自己破壊に向かう場合や、「自分を漏れ落としたまま回るこの社会が憎い」と攻撃性を帯びる場合もあるだろう。いずれにしても、「働いていないことによって本人が苦しむ」という事態が起こっていることになる。

それにしても、「働いていないことが苦しい」とは、どういうことだろう。これは、考えてみれば不思議なことだ。「働いていて、その仕事の内容が苦しい」ならば、分かりやすい。また、「仕事がないので、衣食住が満足に得られず、苦しい」というのも、理解可能だ。だが、Aさんの「苦しみ」は、そうしたところにあるのではない。Aさんは、実家暮らしで生活に困っているわけではない。その生活を支える親は、「行きたい」と言えば大学の学費を出してくれる存在であり、Aさんに対してそれなりの理解があり、経済的にも一定のゆとりがあることがうかがえる。「働いていないが、何も問題はない」とすることもできるはずだ。にもかかわらず、Aさんは現に「苦しみ」を抱えている。

この「苦しみ」の背後には、周囲から責められる存在である自分への居たたまれなさがあるだろう。仕事をしていないことは、本人にとって、何よりもまず、親や友人、パートナーなどの身近な人びとから「いつまでもふらふらして、どうするつもりだ」というまなざしを向けられることを意味する。そうしたまなざしの背後にあるのは、「まっとうな人間ならば、働いているべきだ」という世間的な価値規範である。働かない状態にある人は、周囲の人から、ひいては社会全体から責められ、自分という存在のよりどころを揺さぶられる。

これは、「仕事がなくて生活が苦しい」という、物質的な、見えやすい激痛ではないかもしれない。だが、ぬるま湯に沈められて徐々に窒息していくような、独特の苦しみを伴う。それは、本人の自尊心を著しく傷つけ、「社会から必要とされていない」「生きている意味があるのか」という自己否定感を増幅させていく。その状態のまま、三年、五年と時間が経過していけば、やがて、苦しみはそれ自体として空転を始めるようになる。「働いていないこと」が苦しみを生み出していたものが、いざ「働こう」と思っても凝り固まった苦しみゆえに踏み出せない、というこじれた事態が生じてくる。「ニート」「ひきこもり」と呼ばれるなかには、このようなケースが含まれている。そして、多くの職場で要求される「コミュニケーション能力」なるものが、こうした存在にとっての仕事へのハードルを、さらにいっそう引き上げている。

こうした状態を、どう理解すればよいのだろうか。「苦しみが存在する」という現実は、本人にとって、またこの社会にとって、どのような意味を持つだろうか。本人の苦しみを緩和し、苛烈な無理をせずに社会とつながり、生きていくために、どのような手立てがありうるだろうか。また、周囲の働きかけは、いかにありうるのか。本章では、こうした問いを考えてみたい。

ただし、「苦しみ」に照準すれば、次のような疑問がただちに生じる。すなわち、仕事をしない

(1)　貴戸によるインタビュー、二〇〇九年。

ことが苦しいなら、なぜ若者はそもそも仕事をしないのか、何でもいいからとにかく自分にできる仕事を見つければいいではないか、というものだ。若者就労へのアプローチは、主として若者個人の意思や意欲に着目する個人要因論と、労働市場や制度・政策、人口構成や産業構造などの背景に着目する社会要因論が、対立的に存在してきたと言える。個人要因論は、上記の問いに、「なぜなら、その意思や意欲が本人にないからだ」と答えるだろう。そして社会要因論は、「まともな仕事がひらかれていないためだ」と答えるだろう。(2)

働けない・働かない若者の増加については、一九九〇年代以降の産業構造の転換と労働市場の流動化、人口構造の変化、雇用劣化を後押しした制度・政策、余裕をなくした職場におけるハラスメントの横行などの社会的要因が大きいことは明白であり、若者の自己責任とは言えない。この意味で、個人要因論は根拠のない「若者バッシング」にすぎず、社会分析ではない。

だから、「なぜ働かないのか」という前記の問いに対して「まともな仕事がひらかれていないためだ」と答える社会要因論の立場は、端的にただしい。そう、いざ仕事をしようと思っても、実際に、その「何でもいいから私にできる仕事」が、あまりにも少ないのだ。「まともな仕事をひらく」ことによって、かなりの層が救われる——逆に言えば、まともな仕事さえあれば順調でいられる若者をさえ振り落とすまでに、ふるいの網目が粗い社会になっている——ことは、まず疑いない。「まともな仕事をひらく」ことが、この問題に対する主要な対応であるべきことは、強調しておきたい。

そのうえで、以下では、「仮にまともな仕事がひらかれていたとしても、仕事をしない・できないかもしれず、それが苦しい」という状態に着目したい。なぜなら、このような「苦しみ」の存在は、あるひとつの社会のありようを示しており、それを通じて私たちは、みずからがよって立つ文脈の固有性を知ることができるからだ。そこで見えてくるのは、ある種の「豊かさ」ではないかと考えている。

この「豊かさ」という言葉によって、私は多義的な状況を描写しようとしている。

第一には、いわゆる「豊かな社会の問題」という側面、すなわち「どんなに苦しくても働かなけ

（2）ここでいう「個人要因論」とは、仕事をしない・できない若者について「その気になれば仕事はあるのに、やる気がない、甘えている」とする、一般に流布する「若者バッシング」的な精神論を指している。これは、制度・政策的局面や経済界で主張されることもある。例えば、第一次安倍政権下でまとめられた「再チャレンジ支援総合プラン」は、非正規労働者や女性労働者に「再チャレンジ」の機会を保障するとしたが、これは「負けても再チャレンジの機会を保障している、機会を活かさないのは自己責任」とする理念を包含していたといえる。また、人材派遣会社ザ・アールの社長であった奥谷禮子は、「格差なんて当然出てきます。仕方がないでしょう。能力には差があるのだから」「経営者は、過労死するまで働けなんて言いませんからね。過労死を含めてこれは、自己責任だと私は思います」（『週刊東洋経済』二〇〇七年一月一三日号）と発言して話題となった。二〇〇八年ごろからの「反貧困」（湯浅二〇〇八）の議論を経て、二〇一〇年代の今にちでは公然と主張されることは以前より少ないと言えるが、一般感覚のレベルではいまなお根強い。

「社会要因論」には、貧困（湯浅二〇〇八）や労働市場の構造の変化（熊沢二〇〇六）を強調するものと、意欲・努力や「人間力」「コミュニケーション能力」という「個人的なもの」のなかに出身家庭の階層という「社会的なもの」による格差・不平等があることを指摘したもの（苅谷二〇〇一、本田二〇〇五）がある。

いずれも対象や議論の仕方に幅があり一枚岩ではないが、ここでは大まかな傾向としてこの二つを分けている。

ればならず、また、苦しみのあまり働かなければそれがイコール生存の危うさにつながってしまう人びと」が射程外になっている、という面である。これは確実にある。物質的な剥奪によって生存自体がおびやかされていれば、「働かないことの苦しみ」は問題として浮上してこないか、少なくとも、優先順位は下がるだろう。「若者は甘えている」とする自己責任論は回避するとしても、そのなかでこの点の認識まで失ってしまえば、話はとたんに一面的なものになる。

そのうえで、第二に、「苦しみ」の存在は、働かない・働けない若者が、「働くべき」という規範意識や「社会とつながりたい」という希望を持っていることの証左でもある。だからこそ、それが叶わないことが苦しみにつながるのだ。「漏れ落ちている」と見なされがちな存在が、じつはどうしようもなく「この社会の一員」である、という現実。それは、この社会にとっての「豊かさ」と呼んでいいものだろう。

第三に、若者自身にとっての「豊かさ」がある。「苦しみ」は、時にそれ自体が媒体となって「同じ苦しみを持つ他者」へと自己をつないでいく。「苦しみ」から始まる関係、「苦しみ」によってつながる場、「苦しみ」のうえにひらかれる未来というものがある。それらが、本人によって「苦しみがなければ出会えなかった、かけがえのないもの」と捉えられるとき、「苦しみ」は単に「忌むべき、なくすべきもの」から何らかの「豊かさ」を含むものへと、意味をずらされていく。

働かない・働けない状態が本人に「苦しみ」をもたらすという現実は、個人要因論・社会要因論のいずれからも、説明することが難しい。本人は「好き好んで」仕事をしない状態にあるのではない（個人要因論の否定）。にもかかわらず、自らの立場を「社会的に追い込まれた」と規定して正当性を主張することができにくく、しばしば「このような状態にあるのは自分の責任だ」と強く思い込んでしまう（社会要因論の否定）。本章では、こうした理解の枠組にうまくはまらない事態について、個人あるいは社会のいずれかではなく、個人と社会の「あいだ」「つながり」を重視する視点から考えていく。

2　価値の内面化と「苦しみ」

働いていない「苦しみ」の背景には、「まっとうな人間なら働いているべき」とする世間的な価値規範があり、周囲の人びとに責められる状況がある、と述べた。私たちは、周囲の人から、ひいては世間から、「まっとうな人間」として認められたいという欲求を持っている。この承認欲求は、今日、若者が仕事を持ちたいと望む際の主要な動機づけと言って構わないだろう。

だが、このような欲求は、個体としての私たちの内部にあらかじめ潜んでいるわけではない。人間の社会化について論じる古典的な社会学は、欲求や行為の主体としての個人、共同体の価値規範に支えられて存在することを強調してきた。

たとえば、人間社会化過程を個体と外界の相互作用という観点から考察したG・H・ミードは、人はみずからが属する共同体の構成員に共通の価値や態度を身に付けることによって社会的な存在となる、とした。ミードによれば、人は一個の人格としてさまざまな主張をするが、それは共同体の態度に裏付けられているからそうできるのであり、他者の態度に一切関知しなければ、主張の主体であることすらできない。「「これは私の財産だ」という人は、他の人の態度を採用している。その人が自分の権利を訴えるのは、財産に関してその集団内の他のみんながもっている態度を採用でき、したがって自分のなかに他者たちの態度をひきおこせるからである」（Mead 1934：邦訳書一九七三、一七三頁）。

ここで改めて注目したいのは、「社会の一員であること」が、個人的欲求に先立つものと捉えられている点だ。これを踏まえて、改めて「働かないことが苦しい」という事態について考えてみよう。

たとえば、ある人が「働いて、人から認められたい」と願うのは、「働かざる者、食うべからず」とか「威信の高い仕事に就くことはよい」という社会の価値観が、すでにその人に内面化されているからだろう。まず「働くべきだ」という社会的価値があり、それに準拠した「働きたい」という欲求が生まれる。そして仕事を得るために行動し、その行動が「就職」というかたちで実を結べば、「働いているまっとうな人間」として承認され、自己肯定感が得られる。

他方、「働かないことが苦しい」という事態は、「働くべきだ」という社会的価値の内面化はあるものの、何らかの理由で「就職」が達成されず、社会的価値に照らして周囲から「ダメな人間だ」と見なされ、またみずから「自分はダメだ」と思ってしまい、自己肯定感が得られない状態である。

このとき、重要なのはあくまでも本人が「苦しみ」を抱えているという現実であって、本人が実際に「働きたい、働かなければ」と口に出して語るかどうか、また求職や職業訓練などの具体的な行動に出ているかどうかは、あまり問題ではない。仕事を得るための行動があまりにもたびたび失敗すれば、人は行動の手前で立ちすくむようになるし、「働きたい」という欲求それ自体が、「持つに持てないもの」となっていくからだ。「ニート」「ひきこもり」とされる状態が長く続いた人にとって、「働きたい」という言葉や「働きたくない」という言葉は、しばしば、口にするだけで傷を負うようなものになっている。

いずれにしても、「働かないことが苦しい」という事態は、「働くべき」という価値があらかじめ本人に内面化されていなければ、起こりえない。他者から見て無価値であるだろう己れの姿が、自分で「見えて」いるからこそ、「苦しみ」は生じる。これを踏まえれば、「苦しみ」を抱える若者は、すでに十分に「社会的存在」になっていると言える。

日本の青少年行政では、所属を持たず仕事をしていない若者は、「非社会的」と位置付けられてきた。[3] そして、「非社会的」な若者にいかに社会参加を促すか、という問いが展開されてきた。しかし、以上の事例に照らせば、働かないことに苦しみを覚える若者を、「非社会的」とするのは適

(3) たとえば、一九八四年の文部省の『生徒の健全育成をめぐる諸問題：登校拒否問題を中心に』という文書は、「登校拒否」になる子どもの特性として「社会性の欠如」を挙げている。また、一九八九年に青少年問題審議会が出した意見書「総合的な青少年対策の実現をめざして」は、「ひきこもりや登校拒否」を「非社会的な行動」と位置付けている。

切ではない。本人が十二分に「社会的」であるにもかかわらず、現実の職場に参加することがないとすれば、そこに何があるのか。この点を問う必要がある。

3　価値の内面化による「苦しみ」の源流としての不登校

じつは、こうした価値の内面化による「苦しみ」は、日本では半世紀以上前から注目されてきた。不登校という現象である。

「学齢期の子どもが学校に行かない」という現象が、それ自体として問題化されるようになったのは、一九五〇年代のことだった。それまでにも子どもの長期欠席は数多く存在していたが、高度経済成長期以前の社会全体が貧しい文脈にあっては、その理由は主として、学用品が買えない、子守や家業の手伝いに忙しいなど、貧困や親の教育意識の低さによるものが主であった。たとえば、一九五三年に文部省がまとめた『問題児指導の実際』には、次のような事例がみられる。

A君の兄もA君もほとんど昼食を持参しない。遠足等には弁当がないからとか、そんなボロで行けるかとか、はき物もありはしないと父がいって、学校へよこさない。かさもないので、雨天は学校を欠席させる始末（文部省 一九五三、一四三頁）。

ここに示されるのは、端的に物質的基盤の不足という問題であり、価値の内面化や「承認の不在による苦しみ」は存在しない。

そうしたなか、児童精神科医たちは、「学校に行くための物質的基盤は整っているにもかかわらず、精神的な拒否反応によって行くことができない」という新たなタイプの長期欠席を見出す。典型的な臨床像は、「都市部・中産層の、比較的豊かで教育熱心な家庭の小学校低学年の子ども」というものであり、明らかにそれまでの貧困からくる長期欠席とは異なっていた。この「新たな現象」を従来型から分かつものとして注目されたのが、「恐怖」「不安」「すくみ」といった、子どもの示す「苦しみ」の反応だった。

精神科医の佐藤修策は、日本で初めての登校拒否研究とされる一九五九年の論文のなかで、小学校五年生の男の子について、次のようなケースを報告している。

いろいろ行われた登校への努力は失敗に終わった。教師か、友人が訪ねてくると隠れてしまう。親が捜しにいくと、二階から屋根に逃げてしまう。朝がくるたびに、登校を中心にして親と子とのあいだに争いが展開されるのであった。ときには母親に噛みついたり、物を投げたりして反抗することもある。しかし親が登校をあきらめると、クライエントの感情の高ぶりも静まり、ひとり静かに読書したり、テレビを視聴して日を送るのであった。夜になって母親が明日登校するように説得すると、必ず行くと元気に答える。しかし朝になると制止されてしまう。

「朝になると、どうしても学校に行く気がせん。行かんといけんと思うけど」と母親に自分の気持ちを内省報告することもある（佐藤 一九五九＝一九九六、五―六頁）。

こうした、登校を妨げる理由が何もないところで示される子どもの激しい拒否と抵抗は、精神科医によって「神経症」の名を与えられていくこととなった。

ここで佐藤が提示した、登校圧力に対して強い拒否反応を示す、登校圧力がなくなると拒否反応は鎮まる、学校を連想させる人に会いたがらない、「行かなければ」との思いはあるが踏み出せない、といった特徴は、その後、不登校がより広範な現象となっていくなかで、多くの子どものうちに見られるものとなっていく。

一九八〇年代ごろから不登校運動がおこり、不登校の子どもやその親の視点が打ち出されるようになると、これらの反応に対して、次のような解釈が提示されていった。すなわち子どもたちは、理由なく暴れたり、閉じこもったりするのではない。どうしても学校に向けて身体が動かない現実と、「学校に行かねばならない」という規範意識のあいだで、葛藤し、自らを責め、人目を恐れざるを得なくなっているのだ、と。さまざまな当事者の手記を通じて、不登校経験を持つ子どもたち自身によって、学校に行かなくなることをめぐる苦しみが数多く表現されていった(4)。

八〇年代は、高度成長期を通じて形成された、開放的で均質な学校教育と、長期雇用のもとで能力開発機会と家族給を提供する日本型雇用が、新卒学卒一斉採用によって結びつくという、いわゆる「日本型」のシステムが、成熟を見せた時期である。これは、学力形成、職業的スキルの獲得、ジョブ・マッチング、雇用保障といった、子ども・若者が社会的存在となるプロセスのほぼすべての事柄を、学校と企業が提供する仕組であり、逆に言えば、学校と企業に属さないかぎり、社会的存在になれない仕組であった。「学校に行かなければならない」という価値規範は強く、不登校はそれだけで「病理・逸脱」であると見なされ、子どもや親の苦しみは深かった。

これを踏まえ、不登校運動においては、不登校の子どもへの支援として、大まかに、次のような認識と態度が提唱されていったといえる。

「不登校になった子どもは、親や世間からの「学校に行くべき、学校に行かないとまともな大人になれない」とする「学校神話」に苦しめられている。まずは学校に行く・行かないにかかわらず、ありのままのその子を受け止め、ゆっくり休むことを認めよう。そうすれば、いつか子どもは元気を取り戻し、自分なりに社会とかかわる道を見つけていくだろう。学校に行かなくても、きちんと大人になることはできるのだ」。

この認識は、不登校の子どもを持つ親同士で支えあう「親の会」や、子どもにオルタナティブな学び・育ちを提供する「居場所」「フリースクール」などの場の創設という実践と並行して立ち上げられていった。

(4) (東京シューレの子どもたち編 一九九一、一九九五)、(石川・内田・山下編 一九九三) など。

「学校に行く」と「社会と関わる」をこのように切り離すことは、「学校を出て企業に就職する（人の妻になる）」という道こそが、「社会と関わる」ためのほとんど唯一の回路だと見なされていた一九八〇年代当時の社会の価値規範に、根底から疑義を呈する営みでもあった。日本におけるフリースクールの草分け的存在とされる「東京シューレ」の創設者である奥地圭子は、次のように語る。

登校拒否を病気とみることは、社会のなかに偏見を拡大させ、登校拒否を経験した子ども、若者の進学、就職、親戚や地域社会への受け入れを著しくせばめ、本人の生きる道を困難にするでしょう。それよりも、学校信仰にとらわれず、異常視、劣等視せず、一人の人間として尊重し、安心できる居場所を保障し、その子がぶつかっている困難を解消する手助けと、成長への支えが必要だと思います（奥地 一九八九、二二四頁）。

この主張の背景には、「経済成長を優先させる社会が、環境保全や子ども・女性・障がい者などの存在を軽視している」とする大局的な現代社会批判があった。学校に行かないことが、すなわち「社会からの漏れ落ち」を意味する文脈においては、不登校は単に学校だけの問題ではなく、「この社会」そのものの再考を迫る現象と捉えられた。その意味で、不登校運動は、環境運動、フェミニズム、障がい者運動と関心を共有しながら、ゆるやかに連携していくことになった（Wong 2008）。

「学校に行くべき」という価値規範を内面化しながら、学校に行かず、そのことで「苦しみ」を抱える子どもたち。こうした存在に対して、不登校運動の影響を受けた親や支援者たちが編み出したのは、苦しみの源泉となる価値規範を解除し、学校に代わる学び・育ちの「選択肢」を提供することだった。そして、実際にそのなかで、「自分なりに社会と関わる道を見つける」人びとが育っていった。

4　若者就労における「苦しみ」の解除

では、こうした不登校運動の戦略を、若者就労の文脈において援用することはできるだろうか。できるとすれば、それはどのようなものとなるだろうか。このような問いを立てるのは、以下の理由による。

第一に、学校に行かない・行けない子どもと、働かない・働けない若者に、連続性があるためである。両者はともに、経済的理由や病気など、誰もが納得する合理的な理由がないにもかかわらず、学校や職場に行くことがなく、そのような自分を責めて「苦しみ」を抱えている存在だ。実際に、「ひきこもり」とされる人びとのうち、六―八割は不登校経験を持っているとされている（井出二〇〇七、四一頁）（不登校は多様な層を含んでおり、学校に行かないことがかならずしも就労の困難に結びつくとは言えないが）。また、働けない・働かない若者の支援を掲げる民間の支援活動には、不登校支援からスタートし、その後、利用者のニーズや時代の要請に対応するかたちで若者支援へと移行していったものが少なくない。

第二に、一九八〇年代以降不登校の子どもや親が向き合ってきた「社会とは何か？　学校に行かないことは社会からの逸脱なのか？」という問いが、二〇一〇年代の今にちでは、不登校にかぎらず、社会に出ていくすべての若者に関わるものになっていると考えられるためだ。

不登校運動が異議を申し立てた「学校＋企業＝社会」という強固な結びつきは、九〇年代以降の学校から仕事への移行の不安定化のなかで揺らいでいった。新卒の学卒就職率は低下し、若者の失業率と非正規雇用率は増加し、「学校を卒業しても就職できるとはかぎらない」という見通しの悪さが蔓延するようになった。学校に行こうが行くまいが、仕事に就く局面で漏れ落ちるリスクから逃れることは難しい。そのようななか、前記の問いは、「社会とは何か？　就職しないことは社会からの逸脱なのか？」というすべての若者に関わる普遍的な問いとなって、ますます重要性を増してきている。

「理由なく学校や職場とつながらない人びと」の存在は、逆にいえば、多くの人が学校に行き、仕事を持ち、自分の足場を疑うことなく「社会の一員である」と信じていることに、じつは何の根拠もない、という現実を露呈させるだろう。人と社会の接触面におけるこの「理由なき失調」は、「社会化」なるプロセスが、決して直線的にはいかない、さまざまな屈折を孕みうる「豊かなもの」であることを照らし出している。学校に行かない・行けない子どもに対して不登校運動が見出したこの「豊かなもの」を、働けない・働かない若者においても、見出していきたいと思うのだ。

不登校運動で示された方向性は、①「苦しみ」を生み出す価値規範の解除、②本人の存在レベルでの承認、③オルタナティブの整備の三つであった。これを若者就労の文脈にあてはめると、次のようになる。

「働けない・働かない状態にある人は、世間からの「働かざる者、食うべからず」とする「勤労神話」に苦しめられている。まずは働く・働かないにかかわらず、ありのままのその人を受け止め、ゆっくり休むことを認めよう。そうすれば、いつか若者は元気を取り戻し、自分なりに社会とかかわる道を見つけていくだろう。いわゆる「就職」をしなくても、生活基盤を得るための新たな手立てを構想することはできる」。

こうした方向性は、さまざまな支援の場や当事者の集う場で、現実に模索されている。ただ、それは不登校の文脈に比べると、いくつかの点でより挑戦的な課題となっている。端的に言えば、学校に行かない・行けない子どもの場合よりも、働かない・働けない若者の場合の方が、展望がむずかしい。

このむずかしさは、主として、対象が「子ども」から「大人」へとシフトしたために生じているだろう。ここにおける「子ども」「大人」は、差しあたり、周囲からいわゆる「自活」を期待される年齢的・社会的立場にあるか否かによって分かれると考えておく。

まず、周囲にとって、「子ども」に「学校に行かなくてよい」とすることよりも、「大人」に「働かなくてよい」とすることの方が、ハードルが高い。「子ども」には、「成長」という名のポジティブに変化する未来を見込みやすいため、「いま、学校に行かない」と「将来、社会とつながる」は、両立可能な面が大きい。しかし、「大人」の場合、未来は、ますます厳しくなる就労条件や親の介護といったネガティブなものと関連づけられやすい。「いま、仕事をしない」ということは、「将来どうやって生きていくのだ」という問いに直結するのだ。

さらに本人にとっても、「大人」になると、承認を得ることが「子ども」に比べてより困難になる。不登校に苦しむ子どもは、家庭や学校のオルタナティブな居場所において、「学校に行かなくてよい」と言われることで、ある程度「元気」になることができる。子どもの社会生活は、顔の見える範囲に比較的限定されているからだ。だが、「仕事をしないままでよい」と言われた「大人」が、同じように楽になれるだろうか。もちろん、周囲の人びとから「仕事をしないままでよい」と存在を受け止められることは、「大人」にとっても重要なことだ。「働かざる者食うべからず」と強く言われ続けるよりは、事態のこじれをはるかにほぐすだろう。ただ、「大人」の社会生活を、親や支援者がすべて覆い尽くすことはできない。その複雑さや広がりのなかで、「そうはいっても、本当に仕事をしないままでよいのか」という問いはめぐってくる。「働かない自分」に働きかけるのは最終的に自分しかいないという現実に、人はしばしば、焦りや孤独、あるいはすがすがしさのなかで、繰り返し立ち返る。

だが、この難しさに挑もうとする人びとによって、いくつかの実践は始まっている。以下では

「シューレ大学」における実践を事例に、不登校運動の戦略が若者就労の文脈に応用された際の、可能性と課題を見てみよう。

5　「シューレ大学」信田風馬の手記から

不登校運動は、「子ども」にとっての社会、すなわち学校のオルタナティブとして、フリースクールを打ち出した。では、「大人」にとって、社会のオルタナティブはありうるだろうか？

「シューレ大学」は、不登校の子どもが集う学校外の場であるフリースクール東京シューレを母体として、フリースクールを巣立つ年齢に当たる一八歳以上の若者を対象に、一九九九年に設立された。学生たちがまとめた著書『閉塞感のある社会で生きたいように生きる』（二〇一〇年）によれば、「私から始まる」をキーワードに、フリースクールや不登校の研究、自分研究、表現活動、新たな仕事づくりへの取り組みなどを行っている。大学設置基準を満たす文科省認可の大学ではないため、「入学」に際して高卒資格は必要とされず、「卒業」しても大卒資格は得られない。修了年限やカリキュラム、単位などは存在せず、学生の発案による講座やプロジェクトを通じてそれぞれが学んでいく。また、学生自身が「運営会議」を通じて運営に関する意思決定に携わる。

「シューレ大学」における活動内容の自由度の高さや、若者自身の運営への参加といった内容は、いわゆる欧米に源流を持つフリースクールのあり方を踏襲していると言えるだろう。異なるのは、場の主体となる参加者＝学生の年齢だ。たとえば、サマーヒル・スクールは一八歳まで、シュタイナースクールは二一歳までとされているのに対し、「シューレ大学」には一八歳以上の人びとが集う。一般的に、オルタナティブ教育は中等教育までであり、そこに学ぶ人は、伝統的な学校に代替する教育を受けたのち、伝統学校を修了した若者と同様に「この社会」に出てゆく。他方、「シューレ大学」では、「この社会」のオルタナティブはありうるか、という挑戦的な問いが探究されていくことになる。

この点を、シューレ大学の学生である信田風馬による「自分の生き方をつくる」という文章から考えてみたい（信田：シューレ大学編二〇一〇、一七三―一九三頁）。信田は、不登校経験を持ち、「不登校にかかわる情報を発信する非営利の団体」で五年ほど働いたのち、仕事を辞めて「シューレ大学」に入学する。そのときの思いを、彼は次のように綴る。

仕事を辞めてシューレ大学に入学したところでいったい何になるのか、何の保証があるのか、そのような不安は根強かった。一方で「何の保証もない」ところに惹かれている部分もあった。働くことに希望を感じられないのに、それでも社会的に承認されることを求めて「就労している自分」「金銭的に自立をしている自分」という看板にしがみつかねばならない己を変えたかった（同書、一八二頁）。

入学後、さまざまな活動に参加するなかで、「楽しいかと問われれば底抜けに楽しいとは言い切れない」ものの、「ちょっと大目に見て、以前より解放されたと思える私もいる」と言えるまでになった。しかし、そうした思いは、「このまま一生シューレ大学に在籍し続けるわけではない。いつかは働かなければならない」という考えによってさえぎられる。

信田は、シューレ大学の講座で自分の考えを発表する。それは、「自分から始まるといったところで、結局は金を稼がなければ生きていけないではないか」という内容だった。このシューレ大学という場の価値の根幹を揺るがしかねない問題提起は、信田の予想に反して、参加者たちによって真摯に受け止められる。そして、彼は「発見」をする。自分の持つ焦りの正体は、単に「学歴がないと仕事に就けない」という問題ではなく、自分が無価値であると自ら決め込んでいるために、「働くこと」によって自分の無能さが明らかになるのを避けたいという思いに関係しているのだ、と。

> 私は他者から測られることを恐れ、他者を測ることを恐れ、それらから逃れるためにいつも「半身」で、限定的に世界と接していたように思う。何かを愛したり、他者と向かい合うことと同様に、働くことは自分が無価値・無能力であるという馬脚を露しかねない、そのように思えた（同書、一八六頁）。

働くということが、「自分であること」ではなく「自分が為すこと」に踏み込む行為である以上、評価軸に照らして「価値がない」という判断は下されうる。だが彼の苦しみは、実際に低い評価を受けることにではなく、「低い評価を受けること」を恐れていつも「半身」である、というところにあった。

このクリティカルな気づきは、自分の問題提起がその場に集う仲間に共有されたことでもたらされている。そこにあったのは、ときに円滑なコミュニケーションの水面にノイズの波を立てながらも、自分の考えを表現し、それが関係性の断絶を招くのではなく、より深いコミュニケーションへと互いを導くものとして肯定的に受け止められるような、「半身」ではない全身の関係性だった。こうした経験は、「このシューレ大学で行われているような関係性を広げて、働く場をつくることは可能だろうか」という問いへと信田をひらいていく。

働かない・働けないことに苦しむ人びとにとって、しばしば仕事は、それによって深く傷つくもの、「自分が自分であること」を奪われるものとしてイメージされている。しかし現実に、生きていくためには「金を稼ぐ」ことが必要だ。その狭間で、多くの場合、彼ら・彼女らは、「自分を押しころして金を稼ぐか、ありのままの自分で食えないままいるか」という選択を迫られる。信田の立てた問いは、この二者択一を解除し、「ありのままの自分で、かつ金を稼ぐ」方法を模索するものと理解することができる。

この手記のなかで、信田は、「アルバイトの会」「デザイン工房」という二つの実践への関わりを記している。「アルバイトの会」は、生活費や学費を稼ぐ必要があるものの通常のアルバイトでは気力や体力を使いすぎてしまうという学生たちのニーズのなかから生まれた。つながりのある人から仕事を募集し、テープ起こしや庭の草取りなど「生活の足しになり、気疲れしない」仕事を請け負う傍ら、手作り石鹸の販売をする。また、「デザイン工房」は、絵やデザインに興味を持つメンバーが集まり、対価を得てチラシやウェブのデザイン、名刺作成などを請け負う。

こうした仕事に取り組むなかで、信田は「我慢しなくてもお金を得ていくことは可能かもしれない」と感じるようになったという。

自分を大切にしながら働けると、仕事をくれる相手も大切に考えられるようになる。以前はどうしても仕事を「与えられている」感覚で、相手に従わねばならない気持ちになった。すると不満にもつながるので、粗雑に仕事をこなすことも少なくない。しかし今は、私が受けている仕事が何の意味があって、どういう場所で生かされるのかを理解するために、相手とやり取りしようとする気持ちになる。すると、その仕事は粗雑に扱うことはしにくい。「働くこと」のハードルはだんだんと下がってきている（同書、一九二頁）。

もっとも、こうした仕事でいわゆる「自活」ができるかといえば、難しいところもあるだろう。その困難は、誰よりも当人が分かっている。それでも、「世の中は甘くない」「働くことは厳しいものだ」といった世間の強迫に対し、信田は次のように言う。

しかし「世の中は甘くない」ということを仮に事実だと認めたとして、それで「自分の働きやすい場所をつくる」という試みをやめようとは今は思わない。成果が出ているから、ということが第一の理由だが、第二は、抗う前に諦めてしまう、ということが私の息苦しさの根本であると知ったからだ（同書、一九二―一九三頁）。

このような実践に明確な「ゴール」はない。だが、目の前にある問いに生活ごと挑む営みは、確かに始まっている。

6　存在承認と業績承認

「大人にとって社会のオルタナティブはありえるか」という問いに戻ろう。

先の事例から見えてくるのは、「子ども」が学校の外に出ることができるようには（それも実際には難しく、かろうじて逃れうる場合が多いだろうが）、「大人」は仕事の外に出られないということだ。学校のオルタナティブのようには、「この社会」のオルタナティブは描けない。「テストの点数で価値を測るのではなく、存在自体を受け止める」と「子ども」には言える。だが「大人」は、「他者から測られ、他者を測る」ことから、完全には自由であれない。

だが、仕事の外に出られない現実を引き受けつつ、なお自分の中にある「社会とのつながりにくさ」に目を凝らそうとするとき、「子ども」の問題を考えていたときには出会えなかった、新たな風景が見えてくる。信田の事例は、そのことを垣間見せてくれるように思う。

上述したような「子ども」と「大人」の相違は、必要な承認の質の違いとして表すことができる。すなわち、「子ども」の空洞は、「ありのままでよい」と親密な他者に存在を承認されることによって満たすことができる。他方「大人」になれば、存在承認に加えて、何を・どのくらい行ったかを業績というかたちで承認されることが必要になってくる。なぜなら「大人」の場合には、存在承認を与えてくれる他者は、単に偶発的で幸運な結びつきによってそうしているのであって、「子ども」の場合と異なり、その人に存在承認を与えることに責任を負っているわけではない。だから、しばしばどこかへ行ってしまうし（友人や恋人）、そうでなくとも、自分より先に弱ったり死んだりしてしまう可能性が高い（親や教師）。そのあとも安定的に立っているためには、「自分であること」（＝存在）ではなく「自分がすること」（＝業績）によって承認される立ち位置を把持していた方がよい。

業績承認とは、「自分がだれであろうと、自分がした仕事によって評価される」ということだ。その匿名性・普遍性は、「別に私がやらなくてもよい」という意味で「かけがえのない私」を挫くものに違いない。だが、これは逆に言えば、ときに甘さや至らなさを指摘されたとしても、不十分なのは自分自身ではなく仕事なのだ、学び鍛えられ次のステップに進みうるのだ、ということでもある。このような経験の蓄積は、ある種の自我の安定性や打たれ強さに向けて人をひらく。そしてこの安定性は、何より「大人」として次の世代に存在承認を与えていくうえでの、基底をなすものだ。

働かない／働けないことに「苦しみ」を覚える存在にとって、職場での人間関係の軋みや仕事上のミスは、しばしば「自分は価値のない存在だ」という思いを誘発し、仕事から本人を遠ざけるきっかけとなる。周囲から見れば、特に悪質な関係や重大な失敗でない場合でも、どうしようもなく落ち込んでしまい、自分がこの世界のすべてから拒否されたような気持ちを抱えてしまうことも少なくない。これに対し、「今どきの若者は打たれ弱い。鍛えたほうがよい」としてみても、事態は好転しない。すでに述べたように、彼ら・彼女らは、周囲が自分をどう見るかを、すでに十分に知っているからだ。世間的な価値に基づく正論は、「そうはあれない自分」を意識させ、ますます本人の「苦しみ」を増幅させてしまう。

「自分を大切にしながら働く」ということは、このような「世間的な価値」と「自己意識」のあいだの仮想的な堂々めぐりを、現実の社会関係の水準に持ち込むことで、いったんストップさせる。そして、落ち込みや「自分はダメだ」という思いを自己の一部として受け止めながら、目の前の仕事を継続し、現実の痛みのなかで変化してゆく可能性を、本人に残し続ける。このプロセスを、同じ「苦しみ」を共有する仲間との関係性が脇から支える。

自己と社会とのあいだの軋みが、完全に解消されることはないかもしれない。ただ、「社会とのつながりにくさ」を抱えつづけながらでも、仕事を持ち、人間関係を築き、生きていけるのだ、と身をもって示すことはできる。そのようなモデルの提供は、いわゆる就職をしなくても、結婚して子供を持つことがなくても、ひとりの「大人」として、次の世代に対して自分の人生を手渡していく営みとなるだろう。そのとき「苦しみ」は、単に消すべきものではなく、それを抱える人を仲間へ、また次世代へとつないでゆく「豊かさ」を孕むものへと、読み替えられている。

7 「働くこと」の再構想へ

本章では、「働かないことが苦しい」ということ、およびそのことが持つ「豊かさ」について考えてきた。

人は、「学校に行くべき」「働くべき」とする社会規範を内面化し、かつ学校や仕事が目の前に開かれてさえいれば、スムーズに学校に行き仕事をするような、単純な存在ではない。人と社会のあいだには、いくつもの細かい裂け目が走っている。多くの人は、それらを気にすることなく踏み越えていくのかもしれない。だが、これといって分かりやすい理由がないにもかかわらず、ふとしたタイミングで、その裂け目に足を取られてしまう人はいる。

そのような人は、おそらくどんな時代にも存在したし、これからも存在し続けるだろう。ただ、社会的文脈によって、見えやすくなったり、見えにくくなったりするだけのように思う。私たちが暮らすこの現代の日本は、きっと、その「苦しみ」が見えやすいのだ。それは、働かない・働けない存在が物理的に死んでしまうことのないほどに成熟した社会であり、かつ「一人前の人間ならば働いているべきだ」とする価値規範が構成員に分け持たれている社会である。その微妙なバランスのうえに、「人は理由なく社会とつながらない状態になりうる」という不思議さが可視化されているのだとすれば、まずはその現実を受け止め、不思議さに目を凝らすところから始めるのがよいのではないか。なぜなら、このような人と社会とのあいだの結びつきの失調こそ、人という存在が、個々別々の身体性を持ちながら共同で社会を営んでいるということの豊かさを、逆照射するものだからだ。

そうした観点から、最後に、働かない・働けない若者への周囲からの働きかけのあり方について考えてみよう。

第一に重要だと思われるのは、若者自身が「働くべき」とする価値規範を持っている現状を尊重し、肯定的に捉え返すことである。

社会政策的な観点に目を転じてみれば、仕事をしていない若者が「働くべき」と考え「苦しみ」を抱えている現状は、ある種の資源と捉えることが可能だ。諸外国の例を見ると、「苦しみ」の存在は、決して当たり前のことではない。たとえばフランスでは、高校生の深刻な出席率低下を受けて、二〇〇九年に「クラス全体で出席率や成績アップの目標を立て、達成したら、最高で年間一万ユーロの報奨金を支給する」という制度が導入された。報奨金は「クラス旅行」「運転免許取得費用」などに使えるとされた。背景には、学校からのドロップアウトが暴動などの社会不安につながる、との見方があった。二〇〇五年にフランスのパリ北部郊外の高校を見学した社会学者の小熊英二は、その時の様子を次のように語っている。

その地域の失業率は二五パーセントくらいで、若年失業率は五割近い。高校を卒業しても就職できない若者が山のようにいる。あたりは多摩ニュータウンみたいな団地地域で、産業なんかない。パリ市内に働きに出るしかないわけですが、移民系の人だと雇ってくれない場合も多い。移民は出身国別のコミュニティーで集住していて、地元のフランス人との交流もほとんどない。

そうなると、「まじめに働けばお金がもらえる」というような、「勤労の観念」を知らないまま三〇歳や四〇歳になったりする人が周辺にたくさんいるわけです。そういう人たちは、麻薬の取引をしたり、闇経済をやったりしている。そして、高校生を誘惑して麻薬を吸わせたり、そういう闇経済の下働きに引っ張り込んだりしているわけです。それを食い止めるために、付近のNGOが、役にも立たないような煉瓦積みなどを若者にやらせてバイト代を払い、とにかく「勤労の観念」を教えることをしていたりする（小熊 二〇一一、一四四頁）。

ここではすでに、「学校に行かなければならない」「働かなければならない」との規範意識がないことが、前提になっている。

一方では、「働くべき」という規範を強く内面化し、「そうはできずにいる自分」に対して苦しみを抱える存在がいる。他方では、規範意識を持たず、反社会的な行動への傾斜が高く、「まじめに働いていない自分」への内省をむしろ周囲から促される存在がいる。社会政策的に見れば、前者の状態は後者に比べて、「規範を根付かせる」という長期的で困難な課題を免れているぶん、アプローチのための社会的なコストが少ない。その意味で、「苦しみ」を抱えている若者は、ほんらい社会が負うべき荷物をみずからの肩に担うことで、社会的なコストを下げていると考えることも可能だ。

そうであれば、周囲の働きかけは、「苦しみ」を抱えている若者の自尊心に、最大限の敬意を払ってなされる必要がある。くり返しになるが、「働くべき」として「勤労意欲」を喚起するような方向性は、あきらかに的外れだ。「働くべき」ことを分かっているからこそ、苦しいのだから。大切なのは、「苦しみ」を生み出す規範意識が抱えられているうちに、仕事を若者にとって意味あるものへと変化させていくことだ。

第二には、「働くべき」とする規範の中身を組み替えていくことである。若者が規範意識を持っていることが社会的に望ましいとしても、それによって本人に過度な重圧が掛かっている現状には問題がある。これは、若者だけの問題ではなく、私たちがどのような社会を展望するかということに関わっている。

「働くべき」というとき、そこで想定されている仕事とは何か？　「自活し子どもを養うために欠かせない収入源であり、平日のほとんどの時間を費やす主要な所属先」とリジッドに捉えるのであれば、そのような仕事はますます減少しており、より多くの働かない・働けない若者を生み出し続けてしまう。

働くことを、「食いぶちを得ること」や「子どもを持つこと」、「アイデンティティの帰属先であること」などと切り離し、「社会とつながる」活動を幅広くさすものとして、緩やかに構想していく必要がある。たとえば、親元を離れ家族を持ち自活するうえで必要な資金を、たった一つの仕事から得るのではなく、基本的な所得保障といくつかの仕事の組み合わせから得ていけるようにする。所属も多元化し、一枚の名刺やＩＤカードが「その人が何者か」を明かすのではなく、複数の場や関係性を束ねる結節点として、自己の固有性が証明されるようなかたちにしていく。

若者の支援にはさまざまなものがあるが、現状の利用率や満足度は決して高くない。(5) お仕着せの就労規範や職業訓練を待つまでもなく、若者自身による多様な働きかけは始まっている。たとえば当事者による居場所づくり、元当事者による支援活動、自らの「生きづらさ」を説明する共同の場を通じた研究活動、演劇や文学などの表現活動、インターネットや書籍出版などによる情報発信、労働環境やエネルギー環境の改善などを目指す広義の政治活動、イベントやシンポジウムの開催、

（5） 内閣府がインターネットを通じて行った平成二四年度「若者の考え方についての調査」（困難を抱える子ども・若者への支援等に関する調査）によれば、「社会生活や日常生活を円滑に送ることができていなかった経験」を持つ人で、何らかの支援（医療、福祉、教育、就労を含む）を受けたことのある人は四三・九パーセントに過ぎず、そのうち四五・七パーセントは「効果があったものはない」と答えている。

関係構築のベースとなりうるスペースの運営、少ない資金で自活を可能にする共同居住の試み、そして、「苦しみ」を抱える若者自身による自らが働きうる職場づくり……。これらの諸活動は、若者たちが今置かれた場所から「社会とのつながり」を立ち上げていった結果としてある。若者への働きかけとして、周囲の側が多くのコンテンツを準備する必要はないだろう。周囲にできることは、既に行われているこれらの営みを、社会的活動として評価し、促進しうる枠組の構築だ。そして、そうした活動に従事する若者たちに、生存のための基盤を保障する道を探ることだ。

今・ここにある若者のエネルギーを正当に評価するだけで、現実は変わるだろう。ここに挙げた多様な諸活動を「仕事」と呼びえたとき、働くことの新たなかたちが輪郭を現すのではないだろうか。

9 「自己」が生まれる場――「生きづらさ」を抱える人の居場所と当事者研究

1 「生きづらい人」にとって「対話」が持つ意味

本章の目的は、「生きづらさ」を抱える人たちにとって対話とは何かを、彼ら・彼女らが集う当事者研究の場を参照しながら考えることである。

現代の社会には、「コミュニケーション」「コミュニケーション能力」をめぐる語りがあふれている。「コミュニケーション能力」という語で表現される内容は、多様だ。たとえば、「学校の休み時間などに可視化される、周囲のノリにあわせて盛り上がる力」「外国語運用、プレゼンテーション、ディベートなどで用いられる力」「就職活動やＡＯ入試などの面接で「自分の物語」を語り受け答えする力」「合コンや営業などで一般的な相手に不快感を与えず距離を縮めていく力」「友人や恋人など特定の親密な他者と関係性を築く力」「ケアの現場などで相手のニーズを汲み取る力」などが混在している。どのような力を「コミュニケーション能力」と呼ぶかは、文脈によって変わるし、同じ人でも状況によって「能力のある人」にも「ない人」にもなりうる。

私はかつて、コミュニケーションのように「他者や場との関係によって変わってくるはずのもの」を、「能力」として個人のなかに固定的に措定することを「関係性の個人化」と呼んで批判した（貴戸 二〇一一、三頁）。そこには、二者間の意思疎通というほんらい関係者双方が取り組むべき問題を、「コミュニケーション能力がない」とされる一方の個人の問題に仕立て上げて自分は知らぬふりをする「普通の人」への疑問があった。そこでの私の処方箋は、「関係性を個人化せず、あくまで関係性の次元で考える」というものだった（同書、四六頁）。つまり、二者間の関係がうまく行っていないとき、その責任を「コミュニケーション能力がない」とされる一方に帰すのではなく、両者のあいだのディスコミュニケーションとして捉え、「相互に調整する」という選択肢を持つことである。

たとえば、ひきこもりの経験を持っていたり、メンタルな問題を抱えていたりして「コミュニケーション能力が無い」とされる人は、仕事ができない人と見なされ職場から排除されがちだ。だが、実際には周囲が丁寧に関係を作り、その人の特徴を掴んで苦手なものに配慮すれば、仕事ができる場合も多い。彼ら・彼女らが排除されるのは、関係性の水準に踏みとどまって考えれば、本人が「できないから」だけでなく、周囲の側に「コミュニケーションにコストをかけている余裕がないから」だと言いうる。このように、「A個人の能力」の問題としてではなく、「AとBとの関係」

の問題として考えることで、問題解決に「Aが変化する」以外の、「AとBが相互に調整する」という選択肢を持ち込むことができる、と考えた。

しかし、この「相互に調整する」という言い方は、その前提として、「二者が個々独立してまずあって、そのうえで二者のあいだにコミュニケーションが生じる」ということを想定している。本章では、このような想定の有効性を問い直してみたいと思う。

生きづらさを抱える人に対して、周囲の側が注意深く配慮して歩み寄れば、そこに対話が成立すると言えるだろうか？ 確かにそういう部分もあるだろう。けれども、生きづらさを抱えている人の現実を見れば、必ずしもそうではない場合も多いように思う。いくら耳を傾けられても、自分がいったいどういう状態にありどうしたいのかが茫漠としているため語れない、説教されるに違いないと先回りして「社会の要請」を反復する、そういう人は少なくない。それはつまり、「自分とは何か」が言語化できるかたちで本人によって掴み取られていない、ということだ。

逆に言えば、「自己を語りえない」というしんどさを抱えていることが、「生きづらさ」を少なくとも部分的に構成している。土方由紀子は「生きづらさ」を、「入れ子式の苦しさ」であるとしながら、「複数の苦しさで構成され、日常では見えにくい部分が存在しており、苦しさの本質がわかりにくい。見えないために自他ともに理解しがたく、そのことが、さらに苦しさを増大させている状態」と指摘する（土方 二〇一〇、二六二頁）。こうした語りえなさとしての「生きづらさ」は、例えば無業の若者支援の現場で指摘されている。若者への就労サポートを行うＮＰＯ法人「育て上げネット」の代表である工藤啓は、無業の若者が支援を求めて行動するための条件を、「相談したいことが明らかになっている」こと、および「相談したい他者が信頼できる」ことだとしている（工藤・西田 二〇一四、一一八頁）。しかし、工藤らの調査レポートによれば、支援機関を訪れた無業の若者のうち七〇パーセント以上が、「無業である際に「どうしたらいいのか」すらわからなかった」と答えており、この割合は無業期間が三年以上の人に限れば九〇パーセントを超えるという（工藤・西田 二〇一四、一一八―一一九頁）。ここからは、無業であること、特に長期のそれが、ニーズの主体としての自己そのものを揺るがすことが見て取れる。

これを踏まえれば、「生きづらさ」を抱える人が他者や社会と対話を行っていくうえで、まず必要なのは、「自分はこのような人間である」「自分はこのように生きたい」という自己の感覚を、みずからの手に掴むことではないだろうか。それが可能となって初めて、「こうしたい」と自己を主張することができ、異なるニーズを持つ相手と「相互に調整」することができるようになる。

では、人はいかにして、自己の輪郭を掴むのだろうか。本章では、ひとつの方途として「当事者研究」に着目したい。当事者研究とは、熊谷晋一郎の端的な定義によれば、「経験を共有する他者と対話しながら自分を研究すること」である（Kumagaya 2015 : 27）。当事者研究の産みの親で、北海道浦河町にある精神障害者の地域活動の場「浦河べてるの家」のソーシャルワーカーである向谷地生良は、これを、統合失調症などを抱えた人の「当事者活動や暮らしのなかから生まれ育ってきたエンパワメント・アプローチであり、当事者の生活経験の蓄積から生まれた自助――自分を助け、励まし、活かす——と自治（自己治癒・自己統治）のツール」だと説明する（向谷地 二〇一三）。当事者研究は現在では、発達障害、依存症など様々な場に広がりを見せるとともに、学術研究との接続や、医療機関・支援機関での応用が試みられており、多様化している。とはいえそのエッセンスは、べてるの家の当事者研究のキャッチフレーズ「自分自身で、ともに」（浦河べてるの家 二〇〇五）が示すように、問題に取り組む自己の主体性を取り戻しつつ、場を共有し対話する仲間とのつながりを実感することだと言えるだろう。

当事者研究において、参加者が自己の輪郭を掴むその瞬間を、熊谷は以下のように綴っている。

否定されれば痛い。共感されれば嘘くさい。どうせ私のことなんか誰もわかってくれない、というおびえの中で、恐る恐る不定形だった経験に形を当てはめてみる。ある表現は、他者に受け止められず素通りする。言いよどみながらも、いろいろな言葉や動きを試してみるうちに、その表現のいくつかが目の前の他者に、はっきりと、強く受け止められる。その瞬間、あるのかどうかもはっきりしなかった体験に、輪郭が与えられる。そして、表現を与えられたことによって、私は、私の体験が何であったのか、ひいては私が何だったのかを、以前よりもいっそう明確に知ることになる（熊谷 二〇一三、三〇二頁）。

本章もまた、このような、他者との相互作用によって自己が把握される局面に照準する。具体的には、大阪のＮＰＯ法人が主催する「生きづらさからの当事者研究会」の事例に注目し、参加者の語りを通じて、当事者研究、およびその母体となる若者の居場所を通じた自己の変容プロセスを記述してみたい。

2　「づら研」の概要と私の関わり

「生きづらさからの当事者研究会」は、二〇一一年に大阪のＮＰＯ法人が運営する若者の居場所に併設するプロジェクトとしてスタートした。通称、「づら研」である。私は立ち上げ時からづら研のコーディネーターとして関わっている。その若者の居場所の主催者である山下耕平氏は、司会と事務局を担当している。そこでは、不登校やひきこもりなどさまざまな「生きづらさ」を抱える主として二〇―四〇代の人びとが、月に一回、一〇人ほど集まり、「承認されるとは？」「自分と社会とのあいだの壁」などさまざまな問題について、対話しながら「研究」している。

づら研の目的は、自身の「生きづらさ」を他者と共有しながら研究することだ。参加者たちは、自分が抱える生きづらさを「研究テーマ」として少し突き放して見ながら、その場に集う他者とともにもっと楽に生きる方法を考えていく。自分が何にしんどくなっているのか、どうすればよりましになるのかを、自分や他の参加者の経験から具体的に探っていく。づら研の特徴として、（１）

治療でも就労支援でもなく「当事者研究」であること、(2)山下氏と貴戸が、司会や調整役を請け負う一方で各々ひとりの「参加者」でもあること、(3)「生きづらさ」という曖昧な言葉を使用することで参加者の属性に制限をかけないこと、などが挙げられる。オープンな場としつつ参加者と理念を共有するために、づら研には「作法」が定められており、①「研究は「世のため人のため」ならず。まずは「自分のため」にすべし」、②「生きづらさは自分に閉じ込めるべからず、開いて他者と共有すべし」、③「自分にとって痛いことこそ要点なり」、④「他者の表出はていねいに扱うべし」、⑤「おためごかしは無用のこと」、⑥「自他を混同しないように気をつけるべし」の六項目が掲げられている。

生きづらさは、「不登校経験者のその後」を研究する私自身にとって、研究上のテーマであると同時に個人的な問いでもあった。私は、小学校時代に五年半学校に行かず家で過ごした経験を持つ。その後、大学で社会学を学び、「不登校経験者にとって不登校経験の意味とは何か」をインタビューによって明らかにした修士論文を公刊した(貴戸 二〇〇四)。このように私は、「当事者」と「研究者」の狭間で、語ったり書いたり教えたりしてきた。づら研でひと月に一度、不登校やひきこもりを経験した人びとと語りあうことは、二〇〇九年から大学に職を得た私にとって、現在進行形の生きづらさに触れうる貴重な機会であると同時に、私自身が、子どもの頃ほどではないにせよ、慢性的に抱えつづける生きづらさを開示し受け止められる時間だった。

また、づら研は、重要な研究のフィールドでもあった。二〇一四年四月から二〇一六年三月まで、私はオーストラリアに留学し、アデレード大学の博士課程に学んだ。その間、づら研は季節の逆転した南半球からのスカイプ参加だった。博士論文のテーマは、「生きづらさ」を抱える若者の対話を通じた自助活動についてであり、づら研の実践と参加者のインタビューが中心的なデータを提供してくれた。以下に引用するインタビューデータと手記は、このとき集められたものを、語り手の許可を得て再構成し掲載するものだ。インタビューは二〇一五年一月に一時帰国した際、大阪で行った。語り手の年齢はインタビュー当時のものである。手記はづら研の冊子に掲載されたもの、および私宛に寄せられたものを、やはり書き手の許可を得て引用している。

3　語りを介した自助活動は何をするのか

生きづらさの洞窟のなかで息をひそめていた人が、外界で人と接し、自分の問題を他者との関係性のなかにひらいてゆく。そこで起こるのは、「自己と他者のあいだのコミュニケーション」というよりも、「場に受け止められることによる自己の産出」と言えるようなものである。

以下では、づら研とその母体である若者の居場所に参加している二名の事例を参照しながら、このプロセスを見ていきたい。

3―1　事例1：Aさん（二六歳女性）

Aさん（二六歳女性）は、九歳のときに不登校になって以来、継続的に学校に行くことなく過ごしてきた。学力不振やいじめなどはっきりした理由はなく、むしろ学校ではクラスの模範となるような「いい子」で通っていた。ただ、学校に行き、よい成績をとって「みんなのお手本」になるようにと教師に言われると、「機械になれと言われているみたい」と感じ、違和感を持った。

Aさんの家族は、専業主婦の母親と会社員の父親、妹の四人家族である。両親は学校に行かなくなった娘に一定の理解を示し、あからさまに責めることはなかった。それでもAさんは、学校に戻るか働くかしてほしいと望む両親の思いを感じとっていた。

一〇代のAさんがほぼ学校に行くことなく家に閉じこもってすごしていた二〇〇〇年代、マスメディアにはひきこもりやニートをめぐるバッシング的な報道があふれていた。Aさんは、「どうして自分はこんなにダメなのだろう」「生産性が無いから生きているのが申し訳ない」と自己否定感に苛まれながらも、働くことが怖いと感じていた。Aさんにとって働くイメージとは、サラリーマンの父親のように、朝早く出勤し夜中に帰ってくるというものであり、機械になるよう迫られているように感じられた。次第に電車や町などの公共の空間に出ることが難しくなり、リストカットをするようになった。本を読んだり文章を書いたりしているときだけ、気持ちが落ち着いた。

一九歳の頃、いよいよ「働くしかない」と思いつめたAさんは、最初は郵便局で、そのあとショッピングセンターの清掃員として短期のアルバイトをした。しかし、郵便局では、他の高校生アルバイトとの関係になじめず、決められた期間を全うできずに辞めることになった。清掃の仕事も、口頭で指示を受けながらてきぱき動くことが難しくなり、「右と左が分からなくなる」ほど混乱して二週間で辞めた。これらの経験は、Aさんの自己否定感や仕事への恐怖心に拍車をかけ、ひきこもりがちな生活は続いた。

やがて、Aさんはこれまでの生活圏にはない新しい人間関係がほしいと思うようになった。インターネットで見つけた、のちにスタートするづら研の母体である大阪の若者の居場所に参加した。「支援者がいてあれこれ世話を焼いてくれる場なのでは」という想像とは異なり、そこは「誰もがんばって助けようとしない」ゆっくりした雰囲気の場だった。「ここにいると息がしやすい」と感じたAさんは、継続的に通うようになった。

そこから、自分の人生の問い直しになった。問い直し自体は、九歳の頃からひとりでやっていたんだけど、居場所に出会ってからはずっと、それに対する答探しをやっている気がしますね。あのときの感情はこういうことだったんだ、とか。あのときの自分に、今だったらこういうふうに答えてあげられる、とか（Aさん、インタビュー）。

新たな出会いのなかで、元気と力をゆっくり取り戻していったAさんは、づら研にも参加し始め、自分の生きづらさの意味を、当事者研究を通じて探求するようになった。テーマは、「怒りについて」「自分について書くということ」「女性と生きづらさ」などである。

づら研への参加経験を通じて感じた自分自身の変化について尋ねると、Aさんは「生きづらい自分を否定的にとらえなくなった。生きづらいんだけど、いいかって」と答えた。

初期の頃は、自分のせいだと思っていたんです。生きづらいのは全部自分が原因だと。自分と、自分に関わる人しかいなかった。でも、づら研に関わったり、社会学の言葉を学ぶうちに、本当に自分は悪くないんだなって思えた。社会的な問題というか。本を読んだり人の発表を聞いたりして、構造的なものなんだなって、自己責任から移っていった。この仕組じゃ苦しいと思ってしまう人はいっぱいいるよなって。

学校に行かなかったのも、自分が悪いと思っていたんですけど、私は学校や会社のシステムを受け付けない人だったんだって。それを治して適応するよりも、どういう社会だったら自分が生きていけるかを探すほうが、私には楽。生きているっていう実感がある。

私けっこう、人生ずっと考えてばっかりで。しんどかったりつらかったりするけど、それも含めて生きるということだし。単純に、許容範囲が広がったのかな。許せるようになった。自分のことを。それは大きいかなって気がしますね（Aさん、インタビュー）。

仕事との向き合い方も変化した。仕事が怖い気持ちは持ち続けていたが、他方で、自分に合った仕事は何か、どうやって「しんどさ」をコントロールするかを考えるようになった。たとえば、居場所での対話を通じて、Aさんは自分の体質が「音声に敏感で雑音が気になってしまうため、音声より文字を通じて情報を得るほうが得意」な傾向を持つことを自覚するようになった。そして、「騒がしいショッピングセンターで口頭で指示を受けながら清掃をやるのは向いていなかった」という気づきを得た。郵便局の方は、はがきの仕分けという仕事の内容自体は清掃よりも自分に合っていると思えた。

二五歳になった頃、Aさんは再び郵便局のアルバイトをした。しんどさは相変わらずだったが、このときは決められた期間働き続けることができた。苦手な履歴書を書いているAさんが「やりたくない！　字が曲がった！」などと騒げば、「大丈夫だよ」「休憩したら」とフォローしてくれる仲間が居場所にはいた。面接に行くときには「時間が守れてあいさつができれば雇ってくれるから」と周囲が励ましてくれた。

その一方で、学校に行かず書物から学んで育ったAさんには、「自分も文章を書きたい、書く仕事をしたい」という「夢」があった。づら研への参加が三年目になったころ、Aさんは、たまたまづら研を取材に訪れた労働関係のコミュニティ新聞の編集者から、新聞記事の連載の仕事を依頼された。「夢」が叶う嬉しい出来事だったが、同時に新たなチャレンジでもあった。新聞記事を書き進めるなかで、Aさんは、文章のテーマが自分自身の経験や内面に限定されており、Aさん自身を直接知っていて関心を持っている人ならそれでよいが、それ以外の読者に訴えかけることは難しいだろう、と考えるようになった。この経験から、Aさんは「うまく馴染むことができない側面があるにしても、私もこの社会の一員。それなら、社会とつながりのあるものを書いてみたい」と思うようになった。

3―2　事例2：Bさん（二七歳男性）

Bさんもまた、づら研の初期からの参加者の一人である。Bさんの家族は、会社員の父親と専業主婦の母親、妹の四人。幼いころから、家族の愛情をあまり感じることができなかった。父親は生真面目でよく働く人だったが、家では酒を飲んでしばしばBさんに暴力を振るった。Bさんは次第に父親を憎み、孤独感を深めていった。

学校に通うようになっても、「親友」と呼べる友人はできなかった。中学校のとき、自分の身体が匂って他人に不快感を与えているように感じる「自己臭恐怖」に悩まされるようになった。その後Eさんの精神状態は悪化していき、高校に進学したものの、一六歳でやめざるを得なくなった。そのころから、「宇宙の真理を探究せよ」という頭に浮かぶ命令に取り憑かれるようになった。幻聴に命じられるまま、苦しい思いのなか、憑かれたように本を読んだ。のちに統合失調症と診断される症状の出現だった。

一八歳になったころ、Bさんは暴力的な衝動が膨らみ、父親や自分を傷付けてしまうのではないかとおびえるようになった。自分自身を抑制してくれるものはないかと必死で探し、自殺防止の二四時間ホットラインに電話をかけたところ、づら研の母体である若者の居場所を紹介された。
居場所との出会いはBさんの人生の転機となった。主催者である山下氏や他のメンバーと出会い、関係を深めていくなかで、Bさんの暴力衝動はしだいに落ち着いていった。初期の頃のBさんの様子を、居場所のほかの参加者たちは、「ずっとジャージでぬーっとそこにいて、カップめんとか食べていた」「主のような存在」と話す。細かな誤解や衝突はあったが、周囲はBさんを受け容れた。居場所の関係を、Bさんは次のように語る。

言葉にしなくていい人間関係っていうのが（あった）。その都度その都度って感じの。ぼくも、相当やんちゃやったから、相当迷惑かけてきたし、（居場所の）メンバーに。さんざん迷惑かけてたけど、それでも付き合ってくれたみたいな。不思議やなって、今思ったら。でね、僕の良いとこほめてって言ったら言ってくれるんで。良いことをちゃんと言ってくれる。僕は何かっていったら、愚痴しかでぇへんねん。（皆は）あえてちゃんとほめてくれる（Bさん、インタビュー）。

Bさんは、づら研にも積極的に参加するようになった。Bさんのテーマは、「父親との関係」「病気のこと」などであり、レポートに書いて研究発表をした。レポートのなかで、Bさんは、自分をずっと支配してきた「宇宙の真理を探せ」という強迫は、「永遠に変わらない絶対的な何か」への憧れであり、「愛され、かわいがられなかったことの代わり」だったと分析している。づら研のレポート発表では、「心地よい疲れと達成感」を感じたとして、Bさんは書く。

自分の身体の奥から出て来た言葉に愛着のような温かい感覚を持てたし、僕の書く文章が外部からの良い反応に生き生きとリズムを打っている実感も感じていたと思います。僕は自分の身体から生まれて来たこのようなイメージに旅させたいと思う。それは勿論、づら研で今しているメンバーの話を聞いたり、自分の意見を述べる事にも繋がっています（Bさん、著者宛の手記、二〇一五年）。

Bさんの暮らしは、居場所やづら研に参加しているあいだにいくつかの点で大きく変化した。まず、二〇一三年からフルタイムで働き始めた。インタビューした二〇一五年の時点で、Bさんは一日七時間・週五日、障がい者ケアの事務所で介助者として働いていた。「この仕事は自分に合っている」とBさんは言う。「（サラリーマンのように）課長になるとかいつも競争している世界ではやっていけない」が、介助の仕事は、「普通の人間と人間の関係」が基礎にある点がよいという。また、実家を出てづら研・居場所の他の参加者の友人と一緒に暮らし始め、その後一人暮らしをするようになった。距離がとれたことで、恨みを抱え続けてきた父親に対するBさんの感情は変化した。づら研のレポートのなかで、「彼のように家族のために（中略）不平も言わず働くことは決してできない。お疲れ様という感謝の気持ちを示すほかない」とBさんは書く（づら研冊子二〇一二年）。ここには父親を一人の人間としてみる相対化の視点がある。

Bさんのケースからは、づら研や居場所における自助の枠組が、仕事や生活における「次の一歩」を踏み出すための有効な土台になっていることが見て取れる。だが、仕事を始めたことや実家を出て独立したことなど、世間的に「自立」と見なされることは、必ずしもBさんが意図した結果ではない。「最初からねらいを定めるとうまくいかない。時給いくらだから何時間働いて月いくら、とか計算してやるとだめ。これまでずっとそうだった」とBさんは語る。づら研についてもそれは同じだ。

　づら研に加わった動機は、単純に面白そうだからという理由ですね。その頃は、就労する見通しも芳しくありませんでした。それは精神面での活力が十分に得られていないない状況もあったし、社会に対する信頼が築けていなかったのもあります。そういう鬱憤みたいなモノが溜まって居て、それを何かしらの手段で消化しようとしていたのかも知れない。でも何か懸命に考えた上で、づら研に出会った訳ではありません。やってみて実際面白かったのが、これまでづら研を続けられて来た意義なのかなと思いますね。特別な意味を考えるのは、それこそ後付けのような感じがして、何だかもどかしさを感じちゃいます。そもそも最初から意義や決断などを動機に、何かを始める事ってどんな事なんだろう（Bさん、貴戸宛の手記、二〇一五年）。

ここでは、主体的な「選択」ではなく、その都度立ち現れる出会いの集積のなかで、日常が本人にとってよい方向に変化していることが示されている。

すでに述べたとおり、母体である若者の居場所もづら研も、明示的に「参加者を就労させる」ことを目指しているわけではない。だが、ここで見た二つのケースは、これらへの参加を通じて、それぞれの人生の自然な流れのなかで何がしか就労に結びつく事態が生まれていた。すべての参加者において起こることではないが、生きづらさについて語り合う場や関係が、あらかじめ意図されたのとは異なるかたちで、人生の次のステップにつながっていくことは、他のケースについても当てはまるように思える。

4 何が起こっているのか

ここでは、いったい何が起こっているのだろうか。事例を横断しながらまとめてみよう。

Aさん・Bさんはともに、居場所やづら研に参加した初期の段階では、生きづらさを抱え、孤立感を抱いていた。「社会」なるものは敵対的な存在として立ちはだかり、「そこに入って行けない自分」を際立たせていた。学校になじめなかった、家族からの愛情を感じられなかったといった過去のつらい経験は、捉えどころのない不安や衝動的につきあげる怒りをもたらしていた。

こうした感情は生々しいものであるが、多くの場合、それがどこから来ているのか本人にはわからない。そのため、自己への問いかけはしばしば、経験的な対応物を持たない、曖昧なものになりがちだ。「どうして私はこんなにダメなのか？」というAさんの自問自答や、「宇宙の真理とは何か？」というBさんのテーマ設定はそのようななかで生じていた。この時点では、自己は自己のニーズを分節化できず、茫漠とした不安感のなかに沈み込んでいる。

後の段階になると、こうした状況は、まずは人間関係の点から変化していく。居場所やづら研において、参加者たちは、「無業・求職者」「元不登校・ひきこもり」といった立場を離れ、ひとりの人間として語り、他者から耳を傾けられ、また他者の語りに耳を傾ける経験をする。Bさんは、自分の語りが他の参加者に受け容れられたとき、「自分の語りに愛着をもてた」と書いていた。Aさんは、他者の語りに耳を傾けるなかで、「生きづらさを抱えているのは自分だけではない」と感じるようになっていた。これは、自分と他者、ひいては社会とのあいだの「関係性の回復」の語りである。

他者とのつながりが回復されていくことで、否定的に見られていた過去のつらい経験は再定義され、「問うべき価値あるテーマ」と見なされるようになる。Aさんは、「全部自分が悪い」と思っていた過去の状況について、「構造的なもの」「他にもつらくなる人はいるはず」と思うようになった。Bさんは、暴力的な父親を「家族を養うために働いてきた一人の男性」とみなすようになった。

こうした再定義の実践は、新たな自己の産出を伴いうる。Aさんは、みずからを「生きづらくても社会の一員」と語るようになり、Bさんは語りが受け容れられることで自分の語りが「生き生きし始めた」としていた。これらの新たな自己は、語り手たち自身が誇りうる自己であり、他者と共有された実際的な現実に根ざす像である。

さらに、Aさん・Bさんは、みずからのニーズについてより確かな感覚を持つようになっている。「働くのが怖い」（Aさん）という初期の曖昧な感覚は、「自分は音に敏感で音声の指示が苦手」という自己理解を経て、「ではどのような仕事ならできるだろうか」という現実的な問いに変化していく。このように、自己の輪郭を掴んだうえで「人生の次なる一歩」が思考されるとき、Aさんにとっての二度目の郵便局や、Bさんの障がい者介助のように、就労は初めて現実的で持続的なオプションとなりうる。

以上の変化をまとめると、居場所や当事者研究で仲間と自助活動を行うことで、ある種の参加者は、（1）具体的な仲間との関係性をつくり、（2）関係性を通じて自己を見出し、（3）自己のニーズに基づいて社会とのつながりを取り戻している、と言うことができる。

5　変化の条件

では、どのような場の設定が、このような変化を可能にしているのだろうか？　以下では、重要なポイントとして（1）「目的設定の間接性」、（2）「対話の促進」、（3）「外在化」を挙げる。

5―1　目的設定の間接性

目的設定の間接性とは、若者の居場所やづら研が、「就労支援」を掲げるのではなく、あくまでも、他者との対話のなかで自己を探求する場を提供していることである。居場所や当事者研究は、「就学・就労というゴールに踏み出す」ための、手段としてあるのではなく、それ自体が目的である。そのため、参加者が就労を始めたとしても、それが「成功」と見なされることはなく、自己探求や関係性の形成がうまくいったことの副産物として参照されるのみである。裏返せば、無業状態が続くことが「失敗」と見なされることもない。

目的設定の間接性が重要なのは、それによってコーディネーターを含むすべての参加者が同じ目的を共有できるようになるためである。仮に目的が「就労支援」「学校復帰支援」のように直接的に設定された場合、そこには支援者／被支援者の境界が生まれ、参加者たちは支援というサービスの受け手として定義される。さらに、参加者のなかで就労や学校復帰を果たしていく「うまくいった存在」と「そうではない存在」のあいだに、線引きがなされることになる。これは、対等な「仲間」としての関係にひびを入れる要素となりうるだろう。

だが、「自分の問題にアプローチすること」が目的として設定されると、参加者たちは皆、「自分とは何か」を探求する存在として同じ土俵に置かれる。実際には、づら研において司会やコーディネーターは、調整や語りの促進において大きな役割を果たしており、その点で「支援」的な役割から無縁であるとは言えない。だが重要なのは、参加者たちが、支援を必要とする「半人前」の存在としてではなく、みずからの問題の探求を通じて、他の参加者を助け・また助けられる「一人前」のメンバーとしてその場に存在する、ということである。このことは、参加者たちが人としてのプライドを取り戻し、問題に挑む自分の力を再確認し、自分自身の人生を生きる楽しさを取り戻すことにつながっていく。これは、「サービスの受け手」である場合には難しいだろう。

場や関係性それ自体を目的とすることで、その先のキャリア展開は、「選択－結果の引き受け」という個人の主体性を軸とした論理によってではなく、出会いや人間関係といった偶発性によって説明されることになる。すでに見たように、Bさんは手記のなかで、自身の体験を振り返って、「事前にきっちり計画するとうまくいかない」が、「ただ楽しかったから続けてきた」づら研においては、参加しているあいだにポジティブな変化があったと語っていた。ここでは、選択と自己責任の主体としての個人を想定することなく、人のキャリア展開を推し進めていく道がひらかれている。

目的設定の間接性は、づら研の母体である若者の居場所においてとりわけ当てはまる。居場所についてては、その特徴のひとつとして「意図の間接化」（新谷 二〇一二、二三四頁）があることが指摘されてきた。居場所とはそもそも、就労や就学といった短期的なゴール設定を避けて、人びとが安心して休むことができ、「自分でいられる」場を指す。だが逆説的に、しばしば報告されてきたのは、このような「明示的に生産的な活動から距離をとること」自体が、ときに人びとの自尊心を回復させ、結果的に彼ら・彼女らをそれぞれの状況に適った仕方で社会へとつないでゆくということだった（NPO法人東京シューレ 二〇〇〇、筒井ほか 二〇一四）。若者の居場所についてAさんが「だれも頑張って助けようとしない」点がよかったと語ったように、明示的な目的を有する支援者の不在が、参加者にとってポジティブな意味合いを持つ場合は少なくない。実際に、無業の若者支援の現場では、「私はあなたを支援します」と「上から目線」で接する支援者を「あの人は「支援臭」がする」などと揶揄する言葉がしばしば聞かれる。

5-2　対話の促進

語ることが語り手にとって重要な意味を持つのは、それが他者によって注意深く耳を傾けられ、肯定的な反応が返ってくるときである。同じ個人の語りであっても、独白 monologue ではなく対話 dialogue であることが重要となる。語り手が「自分は一人ではない」と感じることができるのは、この対話においてだからだ。

対話の促進に当たり、づら研では、はっきり言葉にされているわけではないが、以下のような事柄が推進されていた。第一に、コメントはできるだけ「私」という主語から始めること（たとえば「それは間違いだ」ではなく「私はそうは思わない」と言うなど）である。これによって、聞く側が語る側に対して「私」というひとりの人間として関わるという姿勢が示される。第二に、聞く側が語りを価値判断することなく受け止めることである。たとえば、不登校の語りについて、「不登校は良くないことだ」とは言わず、「不登校をしていたときは辛かったのですね」と返すなどがこれに当たる。第三には、聞く側が、直前の語りに触発されて、自分の個人的な話を始めることで、新たな語り手になっていくことである。たとえば、「そういうことは私にもあります。私のケースでは……」といった流れで語り手が変わっていくことは、づら研においてよく見られる。司会とコーディネーターもまた、語りがこうした道筋からあまりにもはずれすぎないように調整するとともに、一人の参加者としてこの過程に加わっていく。

フィンランドの臨床心理学者J・セイックラは、語り speech や物語 story が個人の生産物であるのに対し、対話 dialogue はプロセスであり、関係性の賜物であるとする(Seikkula 2002 : 266)。そのため、対話を促進するうえでは、「誰によって何が語られたか」よりも、その語りがいかなる関係性のなかで語られているかに注目する必要があると言う。

すでに述べたように、づら研の目的は「自分自身の生きづらさを探求すること」だった。そこでは、必ずしも「私の生きづらさとは○○だったのだ」という明確な気づきを得ることが目指されているのではない。むしろ、Aさんが「生きづらい自分を否定的にとらえなくなった。生きづらいんだけど、いいかって」と語っていたように、生きづらさの内容よりも、自己が位置づく周囲の関係が変化することで、もともとあった生きづらさがより抱えやすいかたちに変化していくことが重要である。これは自己の生きづらさの語りが他者によって聞かれ・受け止められると同時に、他者の語りを聞き・受け止める側になることで、すなわち対話を通じて達成されていくのだ。

5−3　外在化

とはいえ、生きづらさを抱えた人びと同士の対話では、怒り、反感、悲しみ、不安、虚無感、自己否定感、気分の悪さといったネガティブな感情が出現することもしばしばである。「づら研の作法」において「自分にとって痛いことこそ要点なり」とされているように、づら研ではこれらは必ずしも悪いものだとは見なされない。その代わり、痛みにきちんと迫ることができるよう、これを和らげる知恵が存在する。それが、ナラティヴ・セラピーなどで使われる「外在化」(White and Epston 1990 : 38) の手法である。これは、問題に人格のような名前をつけるなどして対象化し、自己と切り離す実践である。

たとえば、づら研では「お化けが出る」という表現が使われる。当事者研究では、語りに耳を傾けているうちに、その内容が聞き手の過去の経験と共鳴し、本来は別の対象に向けるべき怒りが、語り手や司会・コーディネーターに対して湧き起こり、攻撃的な態度や言葉が表出されることがある。そのとき、「不当だから止めてください」という責任主体としての個人を想定した一見全うな反応は、時に問題をこじらせ、結果的に誰かがその場に参加できなくなるという結末に結びつきがちである。代わりに「お化けが出た」という表現を用いることで、「お化けの正体は何か」「どうやって成仏してもらうか」という新たな問題設定の可能性がひらかれていく。

このほかにも、物事を「白か黒か」と極端に捉えてしまう性質を「分極さん」と呼ぶなど、ネガティブな表出を飼いならし、参加者の感情を中和するためのユニークな表現が多く使われている。

このような対話の過程のなかで、参加者たちは「自分はこう言いたかったのだ」「こうしたかったのだ」ということを徐々に知っていく。それは、「自己と他者のあいだのコミュニケーション」というより、「関係性がまず生じ、それに根ざして自己が生まれる」プロセスである。

こうして生み出される自己は、K・J・ガーゲンにおける「関係的な自己 relational being」(Gergen 2009)として理解できるだろう。ガーゲンは、自由で自己責任を負う近代的個人という概念を批判し、人間の存在を複数の関係性の束として理解することを提唱しながら、「知識」や「回復」といった、教育やセラピーなどの社会的実践において達成と見なされてきた事柄は、「個人の達成」と見なされるべきではなく、共同実践の産物であるとした。これに従えば、「知識」「回復」などの達成のためには、個人に介入するよりも、関係性を創出することのほうが重要ということになる。

本章が見てきた、社会とのつながりにおいて生きづらさを感じる人びとと関わる場面においても、この考え方は有用である。上述した「目的設定の間接性」「対話の促進」「外在化」は、望ましい結果を導くうえで土台となる関係性をうまく生み出すための条件や知恵だと言える。

6 「個」を生み出す「場」の重要性

以上では、「生きづらさ」を抱えた人の対話のあり方について見てきた。そこで明らかになったのは、「個」を生み出す場や関係の重要性だった。当事者研究や居場所は、そのような場や関係のあり方のひとつである。当事者のニーズとは、その人にマイクを向ければ自動的に語られるような、あらかじめそこにあるものではない。上野千鶴子は当事者を「ニーズの帰属する主体」（上野 二〇一一、六五頁）と定義し、「人はニーズを持ったとき、当事者になる」とした（中西・上野 二〇〇三）。その意味で、当事者研究とは、「当事者による研究」のみならず、「当事者になるための研究」でもあると言える。

最後に、この知見が示唆を与える二つの点を指摘しておきたい。

一つは、生きづらさを抱える若者への支援についてである。職業紹介や職業訓練などを含む既存の就労支援は、無業の若者が「仕事をしたい」「このような仕事をしたい」というニーズを持つことを想定したうえで、それを支援する。だが、「働かなくては」という強迫観念を持ちながらも、「どんな仕事がしたい／できるのか」「そもそも自分は本当に働きたいのか」といったことについて明確な答を持てないでいる人は、現実に多いだろう。居場所や当事者研究が「個」を生み出す実践であるとするならば、これらが明示的に就労支援を目的として打ち出してはいなくても、間接的に参加者を就労へとつないでいく機能を果たしていると言える。現在、居場所や当事者研究は、制度的枠組のなかで就労支援として位置づけられることはほとんどないが、今後は政策的にこれらを就労支援に組み入れていく方向性も展望されてよいのではないか。

もう一つは、人が社会から漏れ落ちるその仕方がますます「個人化」（Beck 1994）していることを、どのように理解するかという点である。個人化のもとでは、構造的な不平等が継続しつつ、それと平行して、「標準的な経歴」が「選択された経歴」となり、個々人は自らの人生において「計画、理解、設計、行動する」ことを求められるとともに、失敗した場合は自責の念に駆られることになる（Beck 1994 : 15）。だが、生きづらさを抱える人びとの自助活動が示していたのは、人が選択の主体になるためには、それに先立って自己を生み出す場や関係性が必要だということだった。逆説的だが、人は個人化されすぎると、個人であることが難しくなるのだ。

「生きづらさ」という主観的で曖昧な表現は、それ自体、「生きることをめぐる痛み」が、もはや特定の状態や属性によって一枚岩的には語りえない、個人化された状態にあることを示している。女性であるから、不登校経験があるからといって、同じ苦しみのなかにあると素朴には想定し得ない。キャリアの多様化は、社会からの漏れ落ち方をも多様化し、それを「生きづらさ」という個人の身体感覚にまで切りつめられた言葉でしか表しえないものにする。そこでは、共通の属性や状態を足場とする集団的な抵抗が困難になる。

だが本章で見てきたように、「生きづらさ」は、人をつなぐこともありうる。個人化の時代を生きる私たちは、個々ばらばらに切り離された各々の「生きづらさ」からスタートするほかはないが、同時に「生きづらさ」を通じて共同性を回復させていく可能性にも、ひらかれているのだ。

10　不登校からみる共同性の意義――「多様な教育機会確保法案」に寄せて

1　「いまあるよいもの」を生かす制度化を

不登校の子どもが学校に行かず、フリースクールなどで勉強した場合も義務教育の修了を認められ、高校に進学できる。超党派の議員連盟による議員立法によるそんな法案が、二〇一五年から二〇一六年にかけて、保守派から不登校支援を行うフリースクール関係者まで幅広い人によって議論された。この法案は最終的に、「フリースクールの制度化」からは遠い、不登校児童生徒への支援的取り組みを強調する内容を含む法律として二〇一六年一二月七日に成立した。

以下では、不登校の子どもや親の権利という視点から、「フリースクールの制度化」が投げかける問いについて考えてみたい。

一九八〇年代、不登校の子どもが「ありのまま」で学び育つ自由を求める人々が声を上げ始めた。

当時、不登校は否定的に捉えられており、「義務教育の義務を果たしていない」と責められることがあった。それに抗し、不登校の子をもつ親や支援者たちは、学校の外に子どもが集える「居場所」をつくった。それは、学校復帰を目的としない、「ありのままの自分」が受けとめられる「受容的な場」（田中・萩原編 二〇一二）だった。

現在フリースクールと呼ばれる場のなかにはそうした経緯をもつものがある。その関係者にとって、今回の法案は悲願の達成と映るだろう。

私もまた、フリースクールの制度化は望ましいと考える。これらの場は、ＮＰＯなど民間団体によって厳しい資金繰りのなかで運営されていることが多く、安定的な運営には制度的基盤の保障が必要だからだ。だが一方で、新たな制度が生まれた結果、実績ある既存の実践がゆがめられたり分断されたりすることがあってはならないと感じる。重要なのは、「いまあるよいもの」が何であるかを見定め、それを十分に活用できる制度とは何かを考えることだ。

2　フリースクールの意義としての共同性

では、日本のフリースクールの重要性とは何か。現実の不登校の子どもが集う民間の居場所では、大きな努力と関与のもとで、いじめ被害、発達障害、クラスになじめないなど、通常の学校では生きづらい子どもたちを受け入れている。そうした子どもたちにフリースクールはどう対応しているか。私が出会った事例を紹介しよう（詳細は変更してある）。

ある小学生の女の子。「発達障害」といわれ、学校では秩序からはみ出すことが多く、周囲から否定的なまなざしを浴びせられ不登校になった。フリースクールでもほかの子どもたちの遊びをまぜっかえしたり、ミーティングをしているところに「突入」するなど問題が絶えなかった。スタッフが「やめてね」と注意すると、「おまえなんて〇〇のくせに！」など相手を傷つける言葉を返し、状態は行きづまった。そこで、ほかの子どもたちやスタッフ同士でその子の特性を理解し問題を共有するようにした。遊びや会議を邪魔してしまうときは、「遊びたいの？　一緒にカードやろう」「何を話してるんだろうね。後で聞いてみようよ」などの言葉がかけられた。否定的な言葉が発せられるときは、スタッフがほかの子どもたちに、「〇〇ちゃんはどうしていいかわからなくて困ってるんだよ」と解釈した。そのうち、その子のあり方は徐々に変化していった。遊びや会議への「突入」は相変わらずだが、「仲間はずれにするな！」などの恨みの言葉に、「すてきだね。入れて」など肯定的な言葉が混じるようになった。本人の特性は変わらずトラブルも起き続けるが、トラブルの受け止め方が、「悪いのはあの子」と個人を問題化するものから、「場を共有するにはどうすればいいか」と彼女を含むみなが知恵をしぼるべき「場」の問題へと変化した。その結果、彼女の自尊心がおびやかされる度合いは少なくなり、自分を守るために相手を否定する必要も減っていった。

ここで行われているのは、「教育における多様な選択肢の提供」というより「共同性の産出」というべきものである。そしてこの共同性こそ、フリースクールの意義といえる。不登校の子どもたち・親たちにとっては、「よりよい教育」よりも、たとえば二〇年後、その子が大人になったときに、「生きづらかった自分を受け容れてくれた人々が確かにいた」という実感をもち、自尊心と社会への信頼をもちうることが、第一義的に重要であると思われるからである。

3 「共同性の制度化」の困難とその必要性

共同性についてもう少し考えてみよう。前述の例でみたように、それは個人と個人が出会い、かかわることを通じて事後的につくられる。これは、「よりよい教育」のように、あらかじめそこにある、すでに内容が確定されたもの（カリキュラムなど）を、個人（子どもや親）が事前に検討し選びとるものとは異なる。共同性は、①それが何かはできて初めて分かる、②個人によって「選択」されたり「保有」されたりしない、③その産出に時間がかかるうえ流動的で変化しやすい、という特性をもつ。

他方、制度化は実践内容の確定・審査・評価をともなう。共同性はこれになじまない。共同性の制度化には、だから「測れないものを測る」という原理的な矛盾が含まれてしまう。とはいえ、「難しい、無理」と脇に置いてよいとはいえない。

共同性の制度化の重要性は、いまでは不登校の子どもに限らず、多くの子ども・若者が社会的存在になるプロセスに当てはまるようになっている。一九九〇年代以降、「学校から仕事へ」の移行は揺らぎ、キャリアは多様化・流動化した。「学校や企業の外で、いかに人とかかわりキャリアを展望していくか」という問いは、多くの人に関わる問いとなった。

たとえば、就労支援の周辺にも、「居場所」と呼ばれる場が存在している（筒井ほか編 二〇一四）。明確な目的をもたない居場所では、お茶を飲みながら世間話をしているだけでよく、社会的な立場から離れたところで人と交流できる。一般的な就労支援としてイメージされる、職業カウンセリングや職業紹介、職業訓練などとは異なり、内容が積極的に確定できないため、就労支援として位置づけられない場合が多い。だが、無業期間が長くひきこもり気味の人や、過去に過重労働やハラスメントなどで「人を信頼して協力し合う」ハードルが上がっている人など、長期にわたって複雑な生きづらさを抱えている人にとって、こうした場は重要である。これも、制度的に位置づけられるべき共同性の一例だろう。

前述のように、不登校の子どもたち・親たちにとってフリースクールとは、何よりもまず、「ありのままの自分／この子」を受け容れ、スタッフや仲間とともに創っていく、出会いと共同の場であった。フリースクールの制度化は、「共同性の制度化は（いかに）可能か」というより根源的な問いを含む。

まずは現場で産出されている共同性がどのようなものかを見きわめ、それをすくい上げる制度的枠組を構想していく必要がある。制度化は大事だが、丁寧な現場の調査を経てからでも遅くはない。

11 「書くこと」のススメ——生きづらさを抱える人へ

1 「書く」ことで社会とつながる

「書く」ということは、社会と関わるひとつの手段だ。生きづらさを抱える人が、「書く」ことを通じて社会とのつながりを取り戻すことがある。

何を書くのか？　その内容は、さまざまでありうるだろう。でも、せっかく生きづらさに恵まれたのだから、自分の人生を「研究」「取材」して、書いてみるのも悪くない。そうやって自分の生きづらさを書いていった人は、けっこういる（雨宮二〇〇〇、上山二〇〇一、勝山二〇〇一、二〇一二）。私も、自分の不登校経験を書いたことがある（貴戸・常野二〇一三）。以下では、生きづらさの経験を書くことが具体的にどんなふうに行われるかを考えてみたい。

社会と関わるには、いろんな方法がある。学校に行ったり仕事をしたりすることもそうだろうが、家族と話したり、コンビニで買い物をしたり、映画を見たり、ネットの掲示板を見たりすることも、広い意味では「社会と関わる」ことになる。

そのなかで、「書く」ということは、「情報を生産する」という行為だ。ここでいう「書く」ということは、誰にも見せない日記や、匿名で毒を吐く一部のネット掲示板とはちがって、伝えたい内容と伝える相手があるものを指している。買い物や映画鑑賞は「消費」だけれども、「書く」のは「生産」だ。人がつくったものを「いけてるな」「おもしろいな」と思って使うのではなく、逆に人が「これ使える」「なるほどな」と思えるものを、生み出すことだ。

もう少し限定すると、「書く」ことのうちには、フィクションのように「現実に存在するこれについて書いている」という対応物を持たないものと、ルポや研究のように対応物を持つものが含まれる。小説の登場人物は実在しないが、ルポの取材対象やインタビュー調査の情報提供者は実在する。勉強や取材のように、「外からのインプット」を必要とするのがノンフィクション、自分の経験や想像力のなかから文章をつむぎだすのがフィクションなのだ。とはいえ、現実には、膨大な資料や取材に裏付けられた歴史小説もあるし、何がしか書き手の「内なる才能」なくしては成立しないよなと思わせるルポや研究もある。石牟礼道子の『苦海浄土』のように、どっちだか分からないけど圧倒的、という作品もある。

ここでは、「社会と関わる手段」「情報を生産する行為」としての「書くこと」のうち、ルポや研究のような「現実の対象を持つもの」について考えてみたい。

そこでは、「書く」という行為は、三つの重要な要素を辺に持つ三角形みたいになっている。「書く人」と「書かれる対象」、そして「宛先」だ。それぞれについて見てみよう。

2 「書くこと」の三角形

①「書く人」

「書く」ことの主体であり、この人がいなければ「書く」という行為はありえない。「書く人」は文章に対して一番大きな自由と、責任を負っている。ある本を書いた人のことを「著者」という。「著者」は英語で author（オーサー）だ。ある分野の偉い人のことをその分野の「権威」といい、これは英語で authority（オーソリティ）。つまり、「書く人」とは、文章に対して一番大きな権限を持っている人、ということになる。何の権限かといえば、それは「文章を選び、書き換える権限」だ。

とはいえ実は、文章は必ずしも一人で書くものではない。研究には「ゼミ」や「研究会」があって、仲間と議論しながら自分の「書くもの」を練り上げる機会がある。本の執筆なら編集者がついていて、「ここはもっとこうした方が読者にわかりやすいかもしれませんよ」とアドバイスしてくれたりする。けれども、最終的に「この文章をこう変えよう」と決める「権限」を持つのは「書く人」だ。周りの人は、助けてはくれるけれども、究極の決定権は著者にある。そしてその裏返しとして、書いたことに関するすべての責任は著者にある。だから、「書く人」になる、ということは、「権限を持ち、責任を負う」主体になる、ということだ。

――なんていうと、少し怖いだろうか。でも、そんなことはない。大切なのは、自分の頭で考えて、書かれたものが自分にとって精一杯の「本当」であるように、過去の自分や周囲の人を不当に貶めることのないように、書くことだ。権限や責任はそのことの呼び名だ、と思っていていいんじゃないだろうか。

②「書かれる対象」

「書く人」が「権限を持つ人」だとして、だったら対象について何でも好きに書いていいのかといえば、決してそうではない。「書かれる対象」は、「書く人」である自分の外側に、異なる意思や感情を持つ別の主体として存在している。その「自分とは異なる意思や感情」に対しては、最大限に配慮し、尊重しないとだめだ。もし対象が「書かれたくない」と言うなら、書いてはいけない。「書いてもいい」という場合でも、個々の発言を引用したり、「この人がこう言っていた」とまとめたりする場合は、「こういう内容をあなたの発言として書かせてもらいます。いいですか?」と確認を取る必要がある。発言の引用がなされるときは、引用部分に限って、その発言をした「対象」の方が、変更の権限を持つ「著者」になる。だから、「あの時は確かにそう言ったかもしれないけど、それは書かないでください」とか、「書いてもいいけど、もっとちがうように、こういうふうに書いてください」、あるいは、「あの時は言葉足らずで言えなかったこういうことも、付け加えて書いてください」ということを、対象の方から著者に対して言うことができる。

とはいえ、どんなに配慮したとしても、最終的には「書き手の枠組に沿って対象を切り取ってしまう」というある種の暴力性から、「書く人」は逃れられない。これは「書く」という行為に内在する、根源的な暴力性で、「書く」という行為のその他の特性——創造、表現、自由、発信、生産など——と結びついて切り離せなくなっている。「自分が暴力的であることになんて絶対に耐えられない」という人は、物を書くのはやめた方がいいかもしれない。「誰も傷付けずに生きていきたい」という人は、一人の空間にずっといた方がいいかもしれない。それでずっとやっていけるならば、それは一つの手だ（でも……とここで私は小説『氷点』を思い出す。「自分の中に一点の悪も見出したくない」という「傲慢ともいえる誇り」を拠り所に生きていた主人公の陽子は、殺人犯の子であるという消えない「罪」を自分の中に見出したとき、生きていけなくなってしまうのだ。「続・氷点」では、自殺未遂から命を取り留めた陽子の、「罪を許すこと」がテーマになる。人間はどうしようもなく罪深いし暴力的だけれども、そういう要素を自分の中に認めたうえで、それと真摯に向き合っていくしかないのではないか……というのが、キリスト教徒でもなんでもない私がこの小説から受け取っているメッセージだ）。

ただし、「暴力は書くことの本質だから」と開き直ってしまっては、これもまたよくない。「書く」ということの暴力性をよく自覚することは大事だけれども、その暴力性を少しでも小さくしよう、とする努力を怠ったら、たちまち書くものの質は下がる（と私は信じている）。

では、どうやって暴力を少なくすればいいんだろう？　そのためのノウハウは、実はけっこう蓄積されている。そうしたコツを体得すれば、誰でもかなりのところまでできるようになるし、逆にどんなに「倫理感の強い良い人」でも、コツを掴んでいないとなかなかできなかったりもする。

ひとつのコツは、「事実の記述と、それについての自分の意見や解釈を、できるだけ分けて書く」ということだ。事実はできるだけニュートラルな言葉で淡々と書き、著者の意見や解釈はそれとはっきり分かるように、分離して明示する。例えば、八〇年代には「不登校者数が過去最悪を更新した」なんていう記述が毎年、新聞紙面に表れていた。これは「事実と意見」が混在している悪い例だ。「過去最悪」というマイナスの意味の言葉を選んだ時点で、「不登校は悪いことだ」という著者の価値判断が、事実の記述に紛れ込んでしまっている。「不登校はよくない」と思う人がいて、そういう表現をしても、そのこと自体を否定することはできない。でもそれだったら、「不登校者数が過去最多となった（事実の記述）。これはよくない事態だ（著者の意見）」と分けて書けよな、という話。そうしたら「いや、私はそうは思わない」という人が、異なった意見や解釈を自由に述べる余地が残される。

もちろん、これは難しい。「これがニュートラルな事実の記述だ」と思っていても、すでに解釈や意見が混じってしまっている場合だって少なくない。上の例の記事を書いた新聞記者だって、「自分はニュートラルだ」と思っていたことだろう。そして「不登校、過去最悪」にはカチンとくる私も、「犯罪率、過去最悪」という記事だったらそのままスルーしてしまうのだ。神ならぬ人の認知や配慮には、どうしたって限界がある。「事実」と「解釈」は、きれいに分けられるものではない。でも、だからといって「区別できないんだから、結局同じこと」と粗っぽくまとめてしまってはまずい。完全にはできないけど、できるだけ心がけて実行する、ということが大事だ。他方で、「もとよりニュートラルなど不可能」という自覚をもとに、「自分はこういう立場に立っている」ということをあえて開示して書く、という道もある。

③「宛先」

この文章は、誰に宛てて書かれるのか？　どういう人に読んでほしいのか。誰に一番、伝えたいのか。「書くこと」のトライアングルではついつい見落とされてしまうけれども、宛先を意識するのは大切だ。

といっても、宛先を意識することは難しい。私がこれを本当の意味でやるようになったのは三〇歳を過ぎてからだったかもしれない。それまでは、「宛先を意識せよ」と言われても、今一つぴんとこなかった。自分に書けることは限られているし、書きたいように、書けるようにしか書けないんだからしょうがないじゃん、と思っていた。「この文章の宛先は誰？」と問われて「大学院の指導教授とインタビューに協力してくれた人です」などと答えていても、心の底では、「そんなの知らない、これを読んで一人でも二人でも共感してくれる人がいればそれでいい」と思っていた。要するに、「どうして宛先を意識しなければいけないのか」が分かっていなかったのだ。書くものと自分自身とのあいだの距離が取れていなかった、ともいえる。

なぜ、宛先を意識することが大事なのか。それは、くやしいけれども「相手に通じない文章」は独り言と同じだからだ。独り言でも、たぶん神様は見ていてくれる。けれども、少なくとも人間の社会の中では「なかったのと同じ」にされてしまうのだ。

「書いたものが反発を食らったら大成功」と言われることがある。批判されるのは、文章が読まれ、通じた証拠だ。「なんじゃこりゃ？　意味不明」とか「独り言ね。反応する価値なし」と思われたら、批判さえされない。そこにあるのは、「無視」だ。

「書く」という行為が、「書き手と書かれる対象」という対面的な関係にとどまらず、もっと広い「社会」みたいなものに否応なく結びつけられてしまっている、という認識、実感。それが「宛先を意識する」ことを「書く人」に強いる。

たとえば、私がコーディネーターをしている「生きづらさから考える当事者研究会」では、幾度か新聞の取材を受けた。熱心な記者さんが丁寧に取材をしていく。ああこの人なら分かってくれる、きっと素晴らしい記事を書いてくれるにちがいない、と感じる。でも、実際に書かれた記事は通り一ぺんのもので、「あの取材はいったい何だったの？」と思ったりする。そういうことが起こる原因の一つに、新聞の宛先が「一般読者」という「生きづらさ」になんて興味のない人々だから、という現実がある。彼ら・彼女らの書く文章は、「著者が見たもの、感じたこと、そのもの」ではない。それは、「宛先」に分かってもらえるよう、細心の注意を払って書かれたプロの文章だ。

これは、「読み手に媚びる」こととはちがう。本業は別に持っている専門家が、「世間に忘れられたくない」という理由だけで書くようになると、さまざまな社会現象を昔の自分の研究枠組に当てはめていくだけの、「注目度の高い流行のキーワードを使っているけど内容はどこかで聞いたことのある話」という文章を量産してしまったりする。「宛先を意識する」とは、こういうことではない。それは、読者になってくれる人、つまり「受け容れ態勢はあるけれども、書き手とはちがう人間」を想像して、その人と対話しながら文章を書く、ということだ。きちんと書かないと分かってはもらえないけど、きちんと書けば通じる。そんな相手を念頭に置きながら、「こういう言い方だと伝わるかな？　それとも誤解されちゃうかなぁ」と考えながら書くのだ。

ところで、「生きづらさ」を発信する人びとの「宛先」とはいったい誰だろう？　親だろうか？　支援者だろうか？　自助グループの仲間だろうか？　もっと不特定の、多くの場合「生きづらさ」に何らかの興味がある人だろうか？　その人たちに「伝わるように書く」ためには、どうしたらいいんだろう。一つの答えはない。

同時に、正直なところ、私には分からないところもある。「読み手を考えて、わかりやすく書く」ということは書き手を社会につなぎとめるぶん、書き手の自由を縛る。その結果、せっかく「書くって楽しい！」と思っている人も、「面倒くさいな」と書くことが嫌になってしまうかもしれない。また、世の中には、読み手なんて考えずに自分の内側を際限なく覗き込んでいるだけで「作品」が書けてしまう才能の持ち主もいる。そもそも「相手に分かるように書く」なんて、「ありのままの自分」を曲げているみたいで嫌、と思う人もいるかもしれない。「分かってもらおうと思うは乞食の心」という言葉だってある（「乞食」という言葉はモンダイだが）。

でも、それでもやっぱり「宛先を意識すること」は大事だ、と言いたい。私たちは、いろんな立場や考えを持つ人がいる、いていい（はずの）社会を生きている。「書くこと」が「書く人」の立場や考えを表現する行為である以上、自分という存在の外側にある他者への配慮を、失いたくない。インターネットが普及した現在では、昔のように、「書く人」は「偉い人」とは限らなくなった。「文章が活字になる」という言い方はもう死語だ。SNSでつぶやけばその文章はもう活字なのだから。結果として、昔は「偉い人」だけが負っていた「読み手への配慮」を、普通の人が負っていく時代になってきている。面倒くさいことだけど、でも「他者への配慮」が、この社会の中をめぐりめぐって、いつか自分のところに「他者からの配慮」として、ブーメランのように返ってくるとしたら、その「書き手」たちのサイクルに自分も参加できるのなら――それは素敵だ。

3　おわりに

私たちは、いろんなものの境界がゆらぐ時代を生きている。大人（成熟）と子ども（未熟）。支援者と被支援者。研究者と研究対象。専門家と素人。主流と傍流。指導者と大衆。教師と生徒。「社会参加している人」と「社会から撤退している人」。……前者の方が後者より「正しい」なんて、もう誰にも言うことはできない。同じ立場だから、同じ属性を持つから、同じコミュニティの出身だからといって、「これ」という核を共有してまとまる、ということが成立しなくなっている。その結果、カテゴリーは流動化して当てにならないものになっている。

そんな時代だからこそ、生きづらさを抱える人には、「書く」ことをすすめたい。自分の経験とは何だったのか。どのような意味を持つものだったのか。背景にはどんな社会があったのか。専門家の知見を時に借りつつも、決して専門家の言うことにすべて納得できず、「私の方がよくわかっている！」と叫びたいようなパッションに駆られることが、もしあるなら。くり返しになるが、今は誰もが、「書かれる対象」であると同時に、「書く主体」になりうる時代だ。そのなかで、一人の書き手として「よいものを書こう」と文章に取り組み始めるとき、ある時期には「傷」の源泉だったかもしれない「社会」というものが、少し柔らかな感触で手に触れる瞬間が、訪れるかもしれない。

第Ⅳ部
「当事者」に伴走する

12 「当事者」に向き合う「私」とは何か——不登校への「よい対応」とは

1 「当事者に向き合いたい」という思いとは何か

「不登校の当事者の立場から、学校に行かない子どもが周囲にどう向き合ってほしいのかを書いて下さい」。そんな依頼を受けることがある。

だが、「当事者」とはいったい誰のことだろう？　私は小学校の五年半を学校に行くことなく家で過ごし、その後、中学、高校、大学、大学院と進学し、今は教師兼研究者をしている。今年（二〇一三年）で三五歳。二児の母親でもある。私は「当事者」だろうか？

「当事者」を「今その状態にある人」と捉えるなら、おそらく私は「当事者」ではない。「元・当事者」とか「経験者」ということになるのかもしれない。

ただ、私にとっての不登校は、単に「学校に行かなかった」ということに止まらない、その後の人生を方向づけた重要な経験だ。私の研究テーマは「子ども・若者と社会とのつながり」を「生きづらさ」の観点から探求する、というものだ。もし不登校をしていなかったら、こんな仕事はしていなかった。その意味では確かに、私は今も、不登校の「その後」を生きている。

「当事者」であるかもしれないし、ないかもしれない。これを書いているのは、そんな曖昧な立場の「私」だ。

そうした立場から、まず強調しておきたいことがある。それは、「当事者なら当事者の気持ちが分かる」とか、「当事者の利益を代弁できる」というのはおそらく違う、ということだ。

当たり前の話だが、ひとりひとりの不登校経験は多様だ。それは、時代や地域、家族や周囲の働きかけの有無などによって違ってくるし、ひとりの人の不登校であっても、振り返るときの本人の状況や、経験のどの側面に注目するかによって、様々に意味づけられうる。十人いれば十通り、いや何十通りもの不登校がある。私は今現在不登校をしている子どもの気持ちを理解しているとは言えないし、その利害を代弁することもできない。それどころか、不登校をしていた「当時の自分」のことさえ、今ではもう、よく分からない。

「当事者」は、親や教師、支援者といった人びとの関心が集中していくポイントだ。周囲の人びとは、「当事者」にアプローチするうえで、「当事者」の気持ちを理解したい、周りにどう支援してほしいのかを知りたい、と願う。それはしばしば、熱心なコミットメントに支えられている。そうした積極的な関与の姿勢自体は、基本的にとても望ましいものだ。

だが一方で、そうした関心を一手に引き受けることになる「当事者」には、負荷がかかってくる。先に述べたように、「不登校に対する望ましい対応」にひとつの正しい答を出すことはできない。その答を「当事者は知っている」と考え、「だから語ってくれ」と迫るとき、もしかしたらそこでは、周囲の側が引き受けるべき試行錯誤が、本人に押し付けられてしまってはいないだろうか。たとえば、あるフリースクールに通う子どもの手記には、次のような記述が見られる。

「なぜ?」私は学校へ行かなくなったのか。ハッキリ〝これっ〟といった理由は思いつきません。でも、世の中には「物事」には何か明確な理由がなくてはならない人達(おもに先生、親)ってのがけっこういるので、その人達のために私は〝わかりやすい理由〟を考えてやらなくてはなりません(東京シューレの子どもたち編 一九九五)。

安直な「不登校の理解」が、しばしば周囲の側が未知の事態をみずからの枠組に当てはめて「納得」するためになされ、生身の本人の前を素通りしてしまうことを、この手記の主は察しているのではないか。

私は、「当事者の声を聞かない方がよい」とか「理解しようとするのはだめだ」と言うつもりはない。私は今では、教師として若者に、親として子どもに向き合う立場にある。彼ら・彼女らがいかなる状態にあり、何を求めているのかを、本人の言葉に耳を傾けながら探っていくことは、私自身にとっても、重要な課題だ。

ただ、そうした働きかけは、あくまでも、周囲の側が試行錯誤のなかで進める関与の過程として大きな意味を持つのであり、「正しい対処法を実行する」ことが重要なのではないと考える。

このような前提に立って、それでも「当事者に向き合う」とすれば、どのような方向性がありうるだろうか。大きな問いなので簡単に答えを出すことはできないが、今の私が考えていることを述べてみたい。その前に、私の考えを基礎づけている不登校経験について、少しだけ触れておこう。

2　私の不登校経験

私が学校に行かなくなったのは、小学校一年生の夏休み明けのことだ。そのまま小学校六年生まで、ほとんど学校に行くことなく家で過ごした。フリースクールや居場所に通うことはなかった。なぜ学校に行かなくなったのかは、分からない。いじめや学力不振など、目に見えるきっかけはなかった。ただ、私はそれ以前から、人に立ちまじることに極端な不安を覚える子どもだった。私には、「言葉にすることのできない私だけの世界」のようなものがあった。

たとえば、春先に雑草が茂る草はらで、あかむらさきのカラスノエンドウの花を見つけると胸がはずんだ。五月になって花が小さな実になり、黒くはじけてしまうと、「ああ、もうこんなに時間が経ってしまった。取り返しがつかない」と感じ、ひとりで悲しくなった。幼い私の喜びや悲しみは、誰とも共有できなかったけれども、誰にも侵すことのできないものだった。それは確かに、豊かな、満たされたひとりの世界だった。

けれども、そのような世界を抱いていては、学校でうまくやっていくことはできない。小学校は、四階建ての鉄筋コンクリートの建物だった。ずらりと並んだ靴箱やロッカー、机やいすは、奇妙に現実感が薄く、「この場所は無理だ」と思った。登校しようとすると、チックや腹痛といった身体症状が出た。

両親は娘の不登校に驚き悩んだが、「不登校は病気ではない。学校に行かなくても社会に出ていける」とする不登校運動の主張に触れ、家のなかで過ごす私を受け容れた。

当時の私は昼夜逆転の生活で、ほとんどの時間を、テレビゲームをしたり漫画を読んだり、眠ったりして過ごしていた。とはいえ、幼稚園時代からの近所の友達とは、学校に行かなくなったあとも、放課後などに一緒に遊んでいた。教科学習は、算数だけを母親に習い、あとは本を読んでいた。

一九八〇年代後半、文部省（当時）はまだ、公式見解として「登校拒否は、子どもの性格傾向や養育者の性格傾向、養育態度による」という心理主義的な説明を採用していた。学校の対応は、「とにかく学校に来なさい」という登校強制が主流だった。不登校に対する世間の風当たりは、現在よりも強かった。私は、いつも頭のどこかで「学校に行っていない私は、将来どんな仕事にも就けないし、友達もできないだろう」と思っていた。

私は学校に行かなかったことで、「私の世界」を守った。それと同時に、社会からの否定的なまなざしに晒されることになった。「私の世界」での自己肯定と、社会に向き合ったときの自己否定――そのギャップに目を凝らしながら、「社会とはいったい何なのか、社会に出る／社会とつながるとは何なのか」と問うたのが、社会学という学問を基礎にして子ども・若者を研究する、という現在の私のスタートだ。

3　今、親・教師として不登校に向き合うなら

かつて「不登校児」と呼ばれた私は、今では教師であり、親でもある。そうした立場から「もし、自分が担任する子どもや、我が子が不登校になったら、どのように対応したいか」を考えた。最後に、不完全ではあるが思い切って、具体的なポイントを挙げてみたい。

第一に、もっとも重要だと考えるのは、「本人の自尊心を損なわない」ことだ。子どもが不登校になれば、周囲の側は思い悩む。「学校に行ってみようよ」と誘った方がいいのか、放っておくべきか。クラスメイトに迎えに行ってもらうのは効果的か、逆効果か。だが先に述べたように、「望ましい対応」は一般的に規定できない。状況によってはどちらの場合もありうる。その際、本人の自尊心――「私はよい存在だ、この世界に受け容れられている、これからもきっとこの世界のなかで幸福に生きていける、だから安心していいんだ」という感覚――を損なわないかどうかが、対応に踏み切る際の重要な指針になると思う。子どもの自尊心を損なわない働きかけなら、何でも試み

たい。そして、自尊心を損なう可能性のある関係性や情報、環境からは、極力子どもを遠ざけたい。ただし、そうするには、周囲の側が時間と労力をかけて情報を収集し、子どもを見て、学ぶ必要があるだろう。

第二には、問題を「学校に行かないこと」に切りつめる。子どもが抱えている問題は、本当に「不登校」だろうか？ 他の問題がまずあり、その結果として不登校という現象が生じていることはないだろうか？ いじめにあっているのであれば、まずはその被害に対応する。家庭のなかで暴力や経済的問題などが生じているのであれば、そこからアプローチする。発達障害その他の障がいが関与しているなら、その現状を本人が安心して受け止められる環境を整える。そのようにして、最終的に「学校に行かない」という現象が残ったとしても、それ自体は特に問題ではない。要は「不登校」に集中できる土壌づくりだ。

第三は、「子どもの問題と自分の問題を区別する」ことだ。学校に行かない子どもを「何とかしたい」と願うのはなぜか？ そう願う「私」とは何か？ 子どもの不登校を、「私」の仕事や子育てにマイナスの評価を下すものと捉え、それゆえに「何とかしたい」と考えるなら、それは「自分の問題」を「子どもの問題」に転嫁しているといえる。また、「子どものために私が何とかする」と問題を抱え込みすぎれば、本来「子どもの問題」であるべき領域を侵すことにもなる。

どんなに幼くても、子どもには「自分の問題」をその手に掴む力がある。親や教師は、「子どもの問題」を解決してやることはできない。できるのは、「自分の問題」を自らの手に掴み、解決していく姿を子どもに見せることだけではないか。不登校という経験を経て今、親・教師の立場から、そんなふうに私は考えている。

13　家族とコミュニケーション

1　三歳の不機嫌に寄り添う

3歳児の不機嫌

三歳の娘の「爆発」に手を焼いている。それは、突然やってくる。例えば、保育園から帰ってきた時。はじめは、きゃっきゃとして弾むように歩く、ショパンの「子犬のワルツ」のような、ご機嫌な娘だ。「きょう、だんごむしがね、ユキくんがね」大声で話しながらコートを脱ぎ、洗面台で手を洗う。ぬれないように袖を折り返してやり、蛇口をひねってやる。すると――もうだめなのだ。

ドン、ドンと地団太を踏み、口をへの字に曲げて「ちがうの、ちがうの」と言い募る。「ママはちがうの、あたしがするの」と、水道の蛇口をひねってやった私を責める。だが、わが家の洗面台の蛇口は、堅いレバーを上にあげる、幼児の手では開けにくいもの。「あたしが」と繰り返すので、仕方なく水を止めるものの、やはり娘の力では開かない。それからはもう、すべてが嫌になってしまって、袖口を折り返したことも、コートを脱がせてやったことも、何もかもが気に食わず、ぎゃあぎゃあ泣き叫び、あげくは「もう一度、コートを着て外に出て、保育園から帰ってくるところからやり直す」と主張するありさま、そうなればもう終わりだ。怒っても、なだめても、娘の「爆発」は収まらない。

こんな瞬間が、少なくとも一日に一度、多い時には三度も四度もあった。一度始まると、一時間も続く。きっかけはさまざまだ。車のチャイルドシートの留め金を自分で止められず、「もう一度家に帰って初めからやり直す」と駄々をこねる。食事中に家族の食べ方が気に入らず、「もう一回みんなで最初の一口から食べ直す」と譲らない。夫も私も、へとへとになった。

揺らぐ自己への対応

「自我が出てきたのよ、自分でしたいけどうまくいかないから、いら立っているんでしょう。それか、下の子に嫉妬しているのか。どっちにしても、よくあること」

子持ちの友人や妹に相談してみると、そんな答えが返ってきた。

けれども、そんなに生易しいものとは思えない。「爆発」は、デパートや旅行先でも起きた。そのつど足止めを食らって、大幅な予定変更を迫られる。娘のせいで、すべてが台無し。いら立ちは募るものの、親としていまひとつ自信のない私にはきつく叱ったり、しつけるといったことができない。悩んだ。

母親に漏らすと、「おまえにそっくり」と言われた。いやいや私は、親族の話を総合する限り、「おとなしい子ども」だったはず。抗議すると、母は言った。

「内に秘めるか、外に出すかの違いでしょう。おまえも周りには分からない何かにひどくこだわって、ひとりで泣いたり閉じこもったり、よくしていたわよ」

不本意このうえない。が、はたと思い当たった。そして、自分の記憶に照らして考えたのは、「娘は世界が思い通りになると信じることで、自分という存在のまとまりを保とうとしているのかもしれない」ということだった。

つまり、こういうことだ。娘はこの三年半の間に目覚ましく変化し、体重が五倍になり、二足歩行を覚え、言葉を知った。親にとって娘の成長は、世界の一部が変わることにすぎない。だが娘にしてみれば、自分が変わるのだから、取り巻く世界のすべてが変わる。それはとても不安な毎日のはずだ。

「自分」が一定なら、「世界」の変化を許容できる。でも、「自分」が変化していたら、「世界」に一定であってもらわなくては、「自分」の存在は揺らいでしまう。だから、娘のなかでは、周囲は思い通りに反応する必要があり、時間は巻き戻ってやり直しできなくてはならない。それが、「自分が自分である」という拠り所だからだ。

そんな完璧主義的な幼い祈りを、私もかつてもっていた。自分だけの守られた世界を手放すのが惜しくて、小学校は学校に行かず、ずっと不登校で通したくらいだ。その後、成長の過程で、世界は思い通りにはならないことや、思い通りにならなくても自分は自分でいられることを知った。それでも、子ども時代の記憶は長く私のなかに残った。

親は子どもの伴走者

娘は私と違う人間だから、本当のところは分からない。でも、そう考えれば納得がいった。そして、少しだけ余裕をもって娘の「爆発」に対応できるようになった。

私が編み出した対処法は、①「爆発」した時は放っておく、②疲れてきたら「まだ泣きますか、それともママと「大好き」ができますか」と迫り抱きしめて「大好き」をする、というものだった。どんなに憎らしくても、ぎゅっと抱えてしまえば、小さく柔らかな娘を愛しむのはたやすい。

価値が流動化する私たちの世代には、親として揺るぎない価値を示すのは難しい。でも、自分が子どもだった頃の生きづらさを覚えていて、共感をもってわが子の育ちに伴走することができる。「世界は思い通りにはならない」――娘が幼い完璧主義を断念して「爆発」を卒業する時、傍らにいて伝えたいと思う。「大丈夫、ママもそうやって大きくなったんだから」と。

2　家族のコミュニケーション

お盆休みの「大家族」体験

お盆休み。八七歳ひとりで暮らす祖母のもとに、親族が集まった。母と私と妹、それに妹の夫と三人の子ども（九歳男、六歳女、三歳男）と、私の夫と二人の子ども（三歳女、一歳男）だ。

祖母の家は、広く古い。縁側には「焼夷弾の跡」が残る。線香の香りのする仏間には、もう死んでしまった人たちの白黒写真がこちらを見下ろしている。押し入れの奥や、二階のふすまの向こうなどは、何十年も誰も触っていないので、魔界にでも通じていそうな気がする。七日間暮らした。子どもたちは、非日常が珍しくてならない。親ではない大人と風呂に入りたがり、きょうだいではない子どもと隣あった布団で眠りたがる。やたらと仏壇に線香を立てては、「ちーん」をしたがる。いつも誰かが走り、誰かが求め、誰かと誰かが取り合いをし、笑うわ、泣くわ、わめくわで忙しい。

最新の家電に囲まれて暮らしている私と妹は、二層式の洗濯機や、紙パック式ではない掃除機をうまく扱えない。パワフルな母は一一人分の食事を司る。食器棚も冷蔵庫も、何せ「いちばん奥は魔界に通じている」ため、母でなければ、人数分の茶碗を探し出すことさえできない。私と妹は、食器洗いや洗濯物干しなど、子どものお手伝いのような家事ばかりしている。

生粋の九州女である祖母は、男を決して台所に入れない。いつもゴミ出しをする妹の夫や、茶碗を洗う私の夫はやることがなく、その辺に寝そべる。その枕元を通り過ぎようものなら、「男の人の頭側を通ると出世せんよ」と祖母にたしなめられる。とはいえ、この地方の男が出世した話をあまり聞かない。そして、若い頃に夫を亡くして勤めに出ていた祖母は、美しく化粧した顔を毅然と上げて、男に頼ることがない。

家族はコミュニケーションをしているか？

「家族のコミュニケーションを大切に」といわれることがある。婚活などでパートナーに求める要素では、収入や家事・育児への協力など〝条件〟的なものもあるが、各種調査ではやはり、「やさしさ」や「愛情を感じる」など〝コミュニケーション〟的なものが上位にくる。

だが、「家族のコミュニケーション」とはいったい何だろう。思ったことを言葉にして相手に伝え、相手の言葉を受け止めて反応を返すことがコミュニケーションだとすれば、本当にそんなことをやっている家族が、どれほどあるだろうか。

例えば、家族とともに過ごす時、フェミニズムを学んでしまった私は、不自由だ。今さら祖母の男尊女卑に突っ込みを入れることもできず、他方では母親の大きな家事負担を後ろめたく思いながらも、手伝い方がわからない自分に落ちこみ、同時に何もしない（させてもらえない）男たちに歯がみする。そんな思いを言葉にすることもないまま、家事と子どもの世話に追われる。

コミュニケーションなき関係

唯一まともなコミュニケーションをした気がしたのは、九歳の甥に質問された時だ。「ねえ、「男を立てる」ってどういうこと?」この子は大人の話をよく聞いていて、漏れ聞いたわからない言葉をまともに質問してくる。「うーん」と考え、私は答えた。

「女の人よりも男の人のほうが、男だっていうだけで、偉いとされることだよ。リョウヘイとショウちゃんとカッちゃんは男の子でしょ? アオちゃんとヒィは女の子でしょ? 男の子だからって理由で、アオちゃんとヒィよりも、リョウヘイとショウちゃんとカッちゃんのほうが「偉い」って言われること。リョウヘイはそれ、いいことだと思う?」

いとこたちの名をあげると、甥は「えー、思わない」ともじもじして、それでも続ける。

「だけど、男のほうが力が強いよ」

「かもね。でも、力が強いのと偉いのは別じゃんか」

傍らで聞いている母はワハワハと笑っている。妹は真面目な顔で「力の弱い男の子もいるし、力の強い女の子もいるって」とつけ加える。少し離れた所にいた祖母は、「子どもが質問、大人が回答」という雰囲気だけを感じ取り、「あんたまあ、よく勉強して」と甥を褒める。妹の夫と私の夫は、別の輪で高校野球を見ながら小さい子どもたちを遊ばせている。やりとりが聞こえているかどうかは、わからない。微妙な葛藤を含む空気は、たちまち全体にまぎれ、何事もなかったかのように日常が流れ出す。

当たり前だが、家族といっても、興味も感じ方も違う別の人間だ。ほとんど異文化といっていい。通常なら、コミュニケーションを図り互いを理解していくだろう。けれども家族はそれをしないいま、同じ屋根の下に眠り、食事をともにする。バタバタの日常のなかでは、互いの違いを掘り下げなくても、全体として回ってしまう。

おそらく「関係がある」ことと、「コミュニケーションしている」ことは、別の現象なのだろう。家族は、「コミュニケーションなき関係」だ。ある意味であたたかく、ある意味では不気味だ。

私たちの「お盆休みの家族だんらん」というミッションは、微妙な空気を孕みつつも、無事に終わった。祖母と子どもたちが、体調を崩さず、元気に秋を迎えること――それさえかなえば、「理解し合う」などという高尚な欲求は後回しだ。それが結局のところ、家事を司る者の論理なのだった。

3　産後に変わる夫婦の関係

産後に減る妻の愛情

うーん、わかる。思わずうなずいてしまったデータがある。ベネッセ総合教育研究所が、妊娠期から子どもが二歳後半になるまで、二八八組の夫婦を継続調査した。その結果、「私は配偶者といると本当に愛していると実感する」に「あてはまる」と答えた妻は、妊娠期は七割いたが、出産後の〇歳時期になると四割に下がった。夫も下がるが、その幅は七割から六割と小さかった。

子どもをもつことは、夫婦の結びつきを強めるものと一般的には理解されている。だが、現実はそうではないらしい。むしろ子どもの出現は、それまで調和的だったパートナーシップを乱すようだ。

私は一年前と四年前に子どもを産んだ。この調査結果は、私の実感に照らしても、理解できるものだった。

それにしてもなぜ、妊娠期から乳児期にかけて、「愛情度」が下がってしまうのか。そして、妻と夫の認識のギャップはどこからくるのだろう。

育児が夫婦間の葛藤の材料を増やすためか、出産がジェンダー間の違いを鮮明にするからか。一般的な説明には、何かがたりないと感じてしまう。

ふて腐れる夫、あきらめる妻?

私の実感では、妊娠・出産・子育ての過程で、最も夫と共有しにくかったのは、「子どもを産むことで、新しい私が生まれる」という感覚だった。出産と育児は、自己同一性が壊される経験だった。

何も大それたことではない。例えば出産前、私は自分を「睡眠が乱れると調子が出ないタイプ」だと思っていた。けれども、昼夜を問わず二時間ごとに泣く赤ん坊を相手に、そんなことを言ってはいられない。出産後の私は、夜中でも授乳の時間には目覚め、昼間でも時間が空けばすっと眠れるようになった。また、幼い頃から血が怖くて注射が苦手だったのに、帝王切開で目の前で自分のお腹を切られても、平然としていられた。当然ながら、子どもを産んでからは全力で仕事に取り組むことはできなくなり、友達と飲みに行くこともなくなった。「これが私だ」と信じていた私は、いっぺんに消し飛んでしまった。

一方で、夫は、私を以前の私と同じ人間だと思っていた。出産という経験が、私を私でなくしてしまったことに、なかなか気づかなかった。それは夫が私ほどには、出産・予育てによって身体ごとの変化を迫られなかったからだ。

私の夫は、家事にも育児にも通常の場合よりずっと多く関わっていたと思う。それでも、こればかりは仕方のないことだ。

赤ん坊が生まれてからも、しばらく夫は「妻である私と、自分との関係」を以前と同じように考えていた。夫にしてみれば、まず初めに自分と妻との関係があり次いでその間に子どもが誕生したわけだから、これは当然だったろう。けれども、産後の私にとって、この世は二種類の人間で構成されているように見えた。「放っておいても死なない人」と、「放っておいたら死んでしまう人」だ。夫は明らかに前者であり、私のエネルギーは後者である赤ん坊のために集中的に投入されるべく水路づけられていた。

そのようなわけで、産後間もない頃、私たち夫婦は、突如現れた互いの間の溝に戸惑った。この溝は、時に夫の側に「愛情は失われたのか」という悲しみとふて腐れをもたらし、妻である私の側には「あなたは変化しないで済んでいるのね」という怒りと諦めをもたらした。

私たちに限らず、こうした溝は、少なくない夫婦が感じるのではないだろうか。

時間共有し理解を

では、このギャップはどうしようもないのだろうか。

希望はある。じつは、先述のデータには続きがあるのだ。夫への愛情が維持された妻と、下がった妻を分けて分析したところ、明らかな違いがあった。前者は「配偶者は家族と一緒に過ごす時間を努力して作っている」という問いに八割の妻が「努力している」と答えたのに対し、後者の妻は三割だったのだ。

つまり、赤ん坊の世話がいちばん大変な時期を夫が積極的に共有することで、妻の愛情は維持される、ということだ。

これも、私には実感としてよく分かった。初めの頃感じていた夫との間の溝は、交代でおしめを替え、夜泣きに対応するなかで、徐々に埋まっていった。具体的な育児参加はもちろんだが、コミュニケーションを通じて私に生じた変化を理解してもらうよう努めたことも大きかった。

現代は、さまざまな場面で「自分らしさ」が強調されている。多くの女性は、キャリアや人間関係、趣味、美容などを通じて、「自分」という存在を作り上げている。だが産後、その「自分」は変化を迫られる。仕事は見直さざるを得ず、友達づきあいは変わり、趣味や美容に割く時間はなくなる。これらの重みは、強調してもし過ぎることはない。

この点を共有し理解することで、妻の夫への信頼は出産後も維持されるだろう。そして、産後の時間を共有することで、男性たちもきっと気づくはずだ。「私」が作りかえられることは、大変だけれども、同時に大きな快楽だ、ということに。

4 関係は生き続ける

頑固じいさんの終末

三五年間も生きてくれれば、血縁者の死に立ち会う機会は増える。直近では、二年前に母方の祖父を亡くした。いつも元気に遊びまわっていた祖父が、「ひと月ばかり食欲がない」というので医者にかかったところ、末期がんと判明。気づいた時には手術もできず、余命一か月という診断だった。それが秋の終わりのことで、年明けには、もう葬儀があった。

祖母を亡くして二年。当初、祖父は気が抜けたようになって、村の人々とのつきあいなども「わしゃあ、もういい」と言っていた。でもじきに、電動バイクで行きつけの碁会所や競艇に通うなかで、新しい日常が回り始めた。人は八四歳からでも、新たな環境に適応して変化できる。「立派」と母と話していた。その矢先の、がん発覚だった。

祖父は、くせのある人だった。頑固者で、「土間に電球は必要か」というようないちいちを、自分で納得しなければならなかった。だから、どうかすると人と衝突した。

でも基本的には、率直で親しみやすく、釣りや謡など趣味が多く、九州の男性にしては珍しいことに、女性の意見をよく聞き、女性親族の進学を応援してくれた。

母は祖父に性格が似ていて、相性がよく、気に入りだった。母のきょうだいは弟がひとりで、ふたりとも、祖父の住む九州からは速い関東に拠点があった。祖父の病が発覚してから、母は介護休業をとって仕事を休み、祖父の家に移り住んだ。母は自分が少女時代を過ごした、今では荒れかけの、古く広い日本家屋で、その家を離れたがらない祖父と、看取るためのふたり暮らしを始めた。

母の介護

「おばあちゃんが死ぬ時、おじいちゃんはいちばん近くで世話しながら、医者にこう言ったの。延命治療はせず自然に、ただ本人の苦しみは減らしてくれって。私もそれでいくよ」。祖父の家で長期滞在のための荷物を解いた後、私との電話で母は決意表明をした、「さばさばしてるね」と言うと、「だって何が大事か見えてるもん」と言っていた。

乳児を抱えて復職していた私は、介護の手助けにはならず、母と時々電話で話すだけだった。「きょうは食欲がなかった」「気分がよくてボート（競艇）に行った」などの話のほかに、相談や愚痴を聞くこともあった。

「医者が告知しなくていいかって言うの。「じいさんはしっかり者だ、余命を知れば準備もあるだろう」って。でも、あの人は十分好きに生きてるから、それを最期まで通すだけだと思うのよね」とか、「近所の人がね、「どうして長男の嫁じゃなく、よそに嫁いだあんたが介護するのか」って聞くの。だけどどこの家の掃除の仕方もお布団のありかも、私でないと分からないでしょ。それに関係の問題だもの。夜になると「かあちゃん」て呼びかけるんだよ。私じゃなきゃ無理でしょう」とか、そういう話をした。

介護は、人の命を左右する絶対に正解できない問いを運んでくる。母に迷いがなかったはずはない。告知して介護される側の意志を尊重する、あらゆる手を尽くして長らえる命を祝福する、家族介護以外の方法を考える——そんな選択肢もあり得たはずだ。

けれども母は、いつも、不思議に落ち着いていた。祖父という人間と、その人生やおかれた状況に目を凝らして、「今、ここで何が大事か」を見極めようとしていた。

母が重視したのは、「本人がやろうとする時に介助の手を出さない」、そして「本人が快さそうか、幸福そうかが第一の判断基準」ということ。その姿勢は、保育に携わる職業経験と、病んだ祖母を看病する祖父の姿を見ていたことから、きているに違いなかった。

関係性は生き続ける

在宅を望み続けた祖父だったが、結局、寿命が尽きる前に自ら入院を希望し、祖母が亡くなった病院で、母に看取られて最期を迎えた。

葬儀の喪主は、母の弟である叔父が務めた。祖父の死とともに、仕事は「ケア」という身体や関係をめぐるものから、相続や家屋の処理といった事務的なものに移行した。「わしの屋敷」と祖父が呼んで愛した家は、空き家にするには忍びないと、やはり愛着をもつ叔父が当面の維持を引き受けた。

「関係は残らないわね」。葬儀の後で母は言った。家父長的な土地の葬式では、母は「よその家の人間」でしかない。祖父にかわいがられ、多くの時を共有した母だけれども、祖父がいなくなれば、母がやるべき、母だけができた仕事は、もうなかった。そうだね、とその時、私は言った。

だが、「関係は残らない」というのは本当だろうか？　二年たった今になって、そう言いたい衝動に駆られる。

関係は、残る。ただ、制度上の名前や物としてではなく、経験になって、それをみていた次の世代へ受け継がれていくのだ。母による祖父の介護が、祖父による祖母の介護を参照しながらなされたように、今回の母の姿勢を私は見ていた。そして、今後どのようにか、それを受け継いでいくだろう。子どもを産み育て、教師という仕事で若い世代と関わり、そしていつの日か、親の死と向き合うなかで。

通じ合う関係は、死の後にも温かな記憶になって残り、その記憶は、新たな関係のなかで生かされていく。「心のなかで生き続ける」とは、こういうことなのかもしれない、と思う。

5　姓が変わるということ

五年の間、事実婚のまま二人の子どもを育ててきたパートナーと、ついに入籍することにした。日本の現行制度のもとでは、結婚すると、妻か夫かどちらかの一方の姓を両者が名乗らなくてはならない。わが家では、私が夫の姓を名乗ることにした。子どもたちはすでに父親の姓を名乗っており、三歳の娘はフルネームで名前を呼ばれると「ハイ！」と返事をする。そんな娘のアイデンティティを、大人の都合で揺るがしたくなかった。

自分の姓に執着はない、つもりだった。もともと自分で選んだものではないし、姓が変わったって私が私であることは変わらない。名義変更の手続きが面倒くさいのは嫌だけれども、相手を自分の名字に変えてもらうのも忍びない。そう思っていた。

けれども、いざ自分の姓が変わるとなると、想像以上に大変だった。名義変更だけでも、パスポート、銀行口座、社会保険、免許証などをいちいち変えなくてはならない。そのために新しい戸籍を本籍地から取り寄せ、新しい印鑑も作る必要がある。仕事で旧姓を使い続けたければ、職場に「旧姓使用届」なるものの提出も求められる。たくさんの書類の一つひとつに、新しい姓を記入し、新しい印鑑を捺印し、そうしながらゆっくりと、別の名前を自分として受け入れていく。煩雑さは、新しい名字に慣れる時間を確保するのにかえってちょうどよいくらいだった。

慣れていくこと自体は、携帯電話の番号を新しくした時と大差ない。ただ、決定的に違うのは、新しい氏名を記すたび、心のなかでひとりひそかな突っ込みが入ることだ、誰この人、知らない、私じゃない、と。

姓が変わって改めて実感したのは、「氏名は社会的な存在としてのその人を表す」ということだ。私が氏名をもつのは、ほかの人や社会がそれで私を呼ぶためであって、「自然」ではない。それは一方的に与えられたり、選びとったりするものなのだ。

例えば、私は貴戸という家に生まれ、理恵という名を与えられて、「私イコール貴戸理恵」であることを疑うことなく三五年間生きてきたけれど、このたび自ら手続きをして、新しい姓になった。その私が貴戸理恵と名乗り続ける時、これからは、確かな意志が介在することになる。保育園では「母親」として積極的に夫の姓を名乗り、病院や外国に行く時は否応なく新しい姓で呼ばれ、職場では旧姓を使うたび「私はほかでもない貴戸理恵なのだ」と言っていくことになる。

私は大げさなのだろうか。由緒正しい出自でもなく、社会的に大きな仕事をした人間でもないのに、名前にこだわるなんて。でも、幸か不幸か、私は「ほかでもない私自身であること」を周囲の人々にこれでもか、と肯定されて育ってしまった。「私が私でなくなる気がする」ことは、だから大きな問題だ。こう感じるのは私だけではないだろう。

思いいたって、愕然とした、結婚して姓が変わった多くの女性たち（と少しの男性たち）は、この「名前は自然ではない」という感覚を、直感的に知っているのだ。職場で旧姓を使用している女性の先輩や同僚たち。結婚して姓が変わった友人や妹。そして母。みんなこんな思いを、多かれ少なかれ、していたなんて。自分が同じ立場になるまで、そんなこと、考えたこともなかった。

好きだった石垣りんの詩は、「自分の住むところには自分で表札を出すにかぎる」と始まる。石垣りんが生涯結婚せず、働いて実家を支えた人だったことを、初めて知った。「精神の在り場所もハタから表札を掛けられてはならない」と詩は言うけれども、自分で掲げる表札が、父の姓か夫の姓か、それが問題だ。そもそもそれしか選択肢がないことも、大きな問題なのだけれども。

「結婚してしばらくは、電話口で名乗れなかった」と周囲の女性たちは言う。「でも、もう慣れたけど」とつけ加えながら。

きっと、じきに私も慣れるに違いない。喉元過ぎて熱さを忘れるように、この面倒くさい変更手続きがすべて終われば、時と場合によって氏名を使い分ける生活に、ゆっくりなじんでいくのだろう。

けれども、今のこの違和感を、大切にしたいと思う。これを「仕方ないもの」とねじ伏せる時、大事な認識が失われる気がするからだ。

「家族だから、女だから、男だから当たり前。親とは、夫婦とは、こうあるべき。それが常識で、自然なこと」――そういう個々の悪意のない感覚の集積が、「常識・自然」とされるものとは異なる家族のつくり方をしている人たちを、結果として貶めたり切り捨てたりしてしまう、という認識が。

この社会には、同性同士のカップルもいれば、性転換を経験したカップルもいる。家族メンバーに障害のある人や、ひきこもっている人がいたりする。子どもをもたないと決める場合や、子どもをもてないことを受け容れる場合、通常とは違う方法で子どもをもつと決める場合もある。そういうことはたいていの人が思っているよりも、実はずっとたくさんある。

「名字が変わった」というこのささやかで平凡な違和感を、そんな家族の多様性を受け容れ得る、人と親しい関係をつくるうえでの自由の希求へと、つないでみたいのだ。

6 「生きづらさ」と家族

私の周りには、「生きづらさ」を抱える主として二〇代、三〇代の人たちがいる。不登校、ひきこもり、ニート、といった何らかのキーワードで自分の「生きづらさ」を語る人もいるし、どれにも当てはまらないがただ何となく生きづらい、という人もいる。私はその人たちと一緒に、「生きづらさから考える当事者研究会」という集まりをやっている。研究会では月に一度、自分の経験をベースに「生きづらさ」のさまざまな局面について語り合う。自分が抱えている問題を、自分の言葉で表現し、その場の人たちと共有することが目的だ。

その語りのなかに、たびたび家族が登場する。具体的なかたちはさまざまだ。暴力や無関心により「生きづらさ」の源泉となる家族。「いい学校、いい会社に行け」と世間の代弁者となる家族。他方で存在を受け容れ「生きづらさ」を緩和する手助けをしてくれる家族もある。

私自身、自分の「生きづらさ」経験に家族は大きく関与していると思う。私は小学校時代を学校に行くことなく家で過ごし、私の家族は基本的にそんな私を受け容れ、支えた。それでも、学校に行かなくなり始めた頃の母親とのもみ合いを今も覚えているし、父親が「不登校にもかかわらず」私に高い信頼や期待を寄せることを、重く感じてもいた。そのような家族との関係性は、私にとっての不登校経験の意味を自分なりに理解しようとした時、重要な手掛かりとなった。

「家族のせい」「自己責任」という袋小路

自分の「生きづらさ」に目を凝らそうとする時、家族という存在に目がいくのはある意味で自然なことだ。

私たちは、「自分とは何か」と考え、自分自身の特性について、こと細かに人に説明しなければならない時代を生きている。例えば、就職活動をするのに、かつてであれば志望動機は「先輩が毎年行っている会社だから」で十分だったのが、「私はこのような人間であり、御社のこの点がこのように私に合っている」と説明しなくてはならない。就職の時だけではない。学校やパートナーを選ぶ時や、消費する時さえ、「自分とは何か」という問いがくっついてくる。

この問いに答えるには、自分のこれまでの経験を振り返らなくてはならず、結果として、家族にたどり着きやすい。だが同時に、家族というテーマは魅力的な底なし沼のようで、そこだけにとらわれるとどっぷり沈み込んでしまい、なかなか次の一歩を踏み出しにくくなる。

「家族のせい」と「自己責任」。この二つは、「生きづらさ」に取り組んでいると、多くの人がつい迷い込んでしまう袋小路ではないだろうか。もちろん、時には本当に家族や自分の言動に問題がある場合もあるだろう。でももしかしたら、家族と自己が出てくるのは、それが特別に「悪いから」というよりも、言及できる題材が「それしかないから」かもしれない。

「自分とは何か」をかたちつくるのは、当然ながら、生まれた家庭や、個々の才能や性格だけではない。一世代前であれば、人々は、地域や親戚の人たちとの交流や、近所の子ども集団との関係、海や山や川や原っぱでの遊び、犬や猫、鶏、牛といった動物の世話などを通じて、自分の好きなことや得意なことを発見していったのだろう。

けれども今、この二〇一〇年代の日本社会に、そうした地域や親族、自然とのつながりは少ない。私たちは、すぐ身の周りにいる家族や、自分の内側をのぞき込むほかに、「自分とは何か」という問いに迫りにくくなっている。

不完全でも、家族をもてる

そうしたなかで、カギとなるのが、家族でも学校、職場でもない、もうひとつの「場」ではないかと思う。家族じゃなくても、時々無為の時間を一緒に過ごしたり、ご飯をともにしたりする。学校や職場じゃなくても、仕事や学びに関するヒントが得られて、しかも学校や仕事がうまくいかない「生きづらさ」の話もできる。そんな場があればいい。

人は不完全だから、迷ったり間違えたりする。ひとりで考えていると、問題を突き詰めて例の「家族／自分のせい」という袋小路にはまってしまうが、誰かとともにやれば、よい意味で「雑音」が入り、深くはまり込まずに済む。それはきっと、「生きづらさ」をつきあいやすいものにしてくれるし、自分たちが家族をつくる時、ハードルを下げてくれるはずだ。冒頭に紹介した「生きづらさから考える当事者研究会」が、そのような場になっている、とは言えないかもしれない。けれども、少なくとも私は、自分の暮らしに「家族でも、学校、職場でもない場」がほしくて、月に一度、参加者たちに会いに行く。

自分の「生きづらさ」にばかりかまけてきた私も、今では子どもをもち、親になった。自分が親に求めたものを、今度は求められる立場だ。私の子どもは、大人になった時、親である私のことをどう語るのだろう。まだまだ先の話だけれど、それを思うと「こんな親でごめんね」と謝りたい気持ちにもなる。

でも、人とのつながりに開かれている限り、不完全さを抱えていても、親になっても大丈夫なはずだ。そう言っていくために――「家庭と仕事の両立」ならぬ「家族、仕事と、それ以外の場との両立」を、試行錯誤しながら、続けたいと思っている。

14 「学校不適応でも大丈夫」と言いつづけるために

1 元不登校の母親が、娘の不登校を考える

「学校不適応でも大丈夫」という題をいただいた。私は現在、日本の若者と教育や仕事との関係について研究したり、大学で教えたりしている。私はその昔、小学校時代のほとんどを学校に行かずに家で過ごした。焦りや孤独はあったけれども、周りには「学校に行かなくてもあなたはあなただ」と応援してくれる人たちがいた。中学から学校に通い始め、ほとぼりが冷めた後は、「学校に行かないなんて何ほどのこともない」と思って生きてきた。だから、「学校不適応でも大丈夫」というのは私にはなじみ深い言い方だ。

だが、その後大学院で社会学を学び、不登校について研究するようになると、「学校不適応でも大丈夫」という言葉では切り取れない現実があると感じるようになった。実際には、しんどいこと

やつらいこともたくさんある。「大丈夫」というストーリーが見落としがちな面も含めて、不登校を生きる当事者の経験を描き、それを肯定する枠組みを作りたいと思うようになった。それを試みた修士論文は、『不登校は終わらない』（二〇〇四年）という本になった。

これまで私の立場は、「不登校の当事者」から「当事者経験を持つ専門家」へと変化してきた。それがこのところ、新たに「母親」として娘の不登校に向き合うことになった。この立場の変化は、また別の視点から不登校について考えるきっかけになった。

以下では、かつて不登校児だった私が、娘が学校に行かなくなって感じたことやそのとき取った行動を振り返り、「学校不適応でも大丈夫」という主張について考えてみたい。

2　オーストラリアで娘が不登校に

オーストラリアの小学校に入学した娘が、二週間後に学校に行かなくなった。仕事の都合で渡豪し、八カ月。朝起きると「おなかが痛い」という。熱をはかれば微熱がある。「じゃあお休みしようか」と学校に連絡するうち、あっという間に一〇日あまりが過ぎた。医者に連れて行くと、「ストレス性の胃炎では」と言われた。私はなんだか呆然としてしまった。……分かる、娘よ。ママもそうだった。そう思う一方で、学校に行かない自分の子どもについて考えることは、「自分の不登校」や「不登校という現象一般」を考えることとはかなり違った。「学校不適応でも大丈夫」。自分のことであればそう思う。一般論としてもそういえる。けれども、学校に行かずに「ストレス性の胃炎」を起こしている娘を前にして、その言葉で納得することは難しかった。

さまざまな思いが去来した。私が産んだ娘なのだ。来るべきものが来たような気がした。同時に、だてに専門家をやってきたわけじゃないのだから今こそ知識を活かさないでどうする、という思いもあった。けれども、もっとベーシックな、日常に埋め込まれたところで、私は普通におろおろした。どうして行きたくないいんだろう。何か嫌なことがあったのかな。英語がわからないのがつらいのかな。お友だちの輪に入れなくて切ないのかな。もしかして、アジア系だからいじめられたりしたのかな……。

3　娘に付き合い、試行錯誤

娘は、おなかが痛いというわりに、元気だった。ごはんはよく食べていたし、二歳下の弟ともよく遊んだ。学校の話題を出しても、特に悲しそうな顔をするわけではなく、先生たちのことは「好き」と言った。娘の学校にはユーカリの木に野生のコアラがいて、学校といってもまだ五歳児の準備クラスだから、工作など好きなことをして過ごす遊びのような時間も多い。私からみればうらやましいような環境だ。それでも、「学校に行く？」と聞くと、困ったようなふうで、「おなかが痛い」というのだった。

とりあえずしばらくのあいだ仕事を休み、ふだん育児をしている父親の代わりに、娘と息子とじっくり一緒にいることにした。近所の公園でお弁当を食べ、どんぐりや木の葉を拾った。子どもたちはのびのびと楽しそうだ。

元気じゃん。学校、行けばいいのに。

口には出さないが、そう思う。思ってしまう。

「娘が学校に行かなくて」

日本にいる母にインターネット電話をかけると、「あら、因果応報」と言われた。

「まだ五歳でしょう。英語だって分からないんでしょう。行きたくないって、そりゃそうでしょうよ」

そう、カリキュラムはイギリス式で、日本より一年早く小学校が始まる。まだ幼稚園年齢なのに、週五日、一日六時間ものあいだ、アルファベットを学ぶのだ。状況から考えれば、学校に行けなくて当たり前なのだった。けれども、漠然とした不安がぬぐえない。だって他の子たちは行っているのに……。「あなたはもっとひどかった」という話が始まるまえに、「そうだよね」と言って電話を切った。

通じそうな友人に相談した。

「まあしんどいよね。しんどい子どものそばで、しばらくはしんどくしてるといいんじゃない」と、日本に住む、やはり子どもが学校に行っていない友人は言った。本当にそうだと思って、「そうだよね」と言う。それなのに、心がもやもやと納得できない。学校には、行かなくてもいい。でも、娘がおなかが痛いのは困る。鬱屈としているのもかわいそうだ。

娘の担任は、四十がらみの面倒見の良い女性だ。頻繁に連絡をくれ、「何かできることがあったら言ってね」「日本の文化についてクラスで取り上げるわ」などと言ってくれる。クラスのリーダー格の女の子の発案だといって、クラスメイトの絵とメッセージが入った画用紙のお手紙が届いた。娘はそれなりに嬉しそうで、お返しに折り紙を折ったりしている。

良い環境と、行きたいような怖いような、踏ん切りがつかない様子の本人。娘の様子を見ていて、具合がとても悪かったり、今は本当に行きたくなくて行かない方が本人にとってもよいのだろうと思ったら、私は不登校を祝福しただろう。でも今回は、そういう感じではなかった。娘の傍らに立って学校との橋渡しをしてあげたら、すっと渡れるような気がした。

私は担任の先生に「日本の文化について取り上げる」時間の一部をもらい、娘のクラスに教えに行った。一五人ほどの子どもたちの前で、「おもちゃのチャチャチャ」を流し、折り紙を折り、「こんにちは」や「さようなら」など簡単な日本語を教えた。白人を中心に、中東系、アジア系、インド系などさまざまなエスニシティの、英語をしゃべる子どもたち。日本人は娘ひとりで、当たり前だが、娘がいちばん早く、上手にできる。「早く上手にできる」ということがすべてではないけれど、娘の誇りになればいいと思った。

結局、娘が学校に全く行かなかったのは三週間くらいだっただろうか。「今日は行く」「今日は休む」とマイペースで学校と関わるうちに、いつの間にか何事もなかったように学校に通うようになった。

4　学校不適応でも大丈夫、と言いうるために

娘が学校に行かなくなって、親として感じたのは、「学校不適応でも大丈夫」と言うためには、周囲の大人にもそれなりの覚悟とがんばりが必要ということだ。思えば当然である。

冒頭に挙げた本の中で、私は、「学校に行かなくても社会に出て行ける」という不登校運動の主張を、「当事者の実感と言うより、親や支援者の主張だ」と位置づけた。実際に不登校の当事者のその後を追えば、正社員の仕事をしている人ばかりではない。苦しみや困難を含めたうえで、肯定的に当事者のリアリティを書きたいと思った。

今、自分が親という立場になっても、その位置づけを翻すつもりはない。ただ、付け加えたいことがある。それは、「学校不適応でも大丈夫」というのは、「本当にそうか」と真偽を判断できるようなものではなく、「何が何でも大丈夫にしていく」という周囲の大人たちの決意表明だったのではないか、ということだ。

その意味で、「学校不適応でも大丈夫」という主張には、大人たちの「大丈夫であってほしい」という祈りと、「大丈夫な環境を作っていく」という努力が込められている。そして、それは深い

ところで「親にできることは限られている」という非力の認識と、子ども自身が持つ問題に立ち向かう力への信頼に、つながっているように思う。

学校不適応を生き、人や社会とつながっていくことは、最終的には本人しかなしえない課題である。親や支援者はただ右往左往しながら、自分ができることを探しまわり、空回りしても精一杯やるしかない。

かつての私は、この言葉の表面だけを見て、そこに込められた願いや日常の努力にまで目がいっていなかった。今ならその未熟さがわかる。

不登校の子どもだったかつての私を受け止めてくれた大人たちにならって、私もまた、若い世代の不登校の当事者たちに向かって「学校不適応でも大丈夫」と言っていく。この言葉が空疎なものになるか内実を伴うかは、ひとりの大人として何を願い、何を作り出すかにかかっているだろう。

おわりに

1 「その後」の社会、「その後」の私たち

私たちの社会は「何か」を経験し、その「何か」自体はもっとも劇的だった時期を過ぎた。けれどもそれは、現在もまだ引きずられ続けていて、その後流のうちにしか「いま」を捉えられない。「何か」には、「少子化」であれ「学校から仕事への移行システム」であれ、突き詰めれば近代／近代化の現れであるようなさまざまな現象が入りうるだろう。後期近代と呼ばれはじめて三〇年以上が経過して、なお私たちの社会は「後期」の延長としてしか未来を構想できずにいる。

そしてまた、そこに生きる私たちの個人史においても、決着のつかない物事の「その後」が生きられている場合が多いように思う。たとえば、薬物依存の女性の自助グループに関わる上岡陽江と大嶋栄子は、『その後の不自由』（二〇一〇年）において、暴力被害などの激烈な経験と専門家の介

入を経たあとで、浮き沈みを繰り返しながら日常を生きる（元）依存症の女性たちのすがたを描く。目に見える問題が消滅したかに見えても、本人の社会との接続の仕方には不器用さが残り続け、「生きづらさ」が抱えられる。社会学者の森田洋司による『不登校 その後』（二〇〇三年）は、中学生時代に不登校を経験した人が卒業後五年を経て何をしているかを実態調査し、不登校を単にそのとき学校に行かないという問題から、「その後」の進路の問題として描き出す。

他にもさまざまに挙げてみることができるだろう。自然災害を生き抜いた人の「その後」。犯罪被害者・加害者の、「その後」。いじめや虐待、ハラスメントなどを受けた人の「その後」。性風俗業界での労働を経験した人の「その後」。特殊な経験をした人ばかりではない。たとえば不安定雇用や過重労働といった誰もが経験しうる事柄は、「学卒後に就職して社会人になる」という揺らぎ続けるゴールの「その後」の問題だといえる。フリーターやひきこもりなども二〇一〇年代以降「中高年化」が指摘されており、かつて若者であった人びとの「その後」が注目されている。

そこには、終わらない延長戦に駆り出され続けるような、「引退後」がどこまでも引き延ばされてゆくような、見通しのないまま続く日常がある。人生経歴は、「未来へ切りひらかれていく」イメージからはほどとおく、「何か」の痕跡を抱えながら先へ先へ繰り延べられる「その後」の連なりになる。

私自身も例外ではない。専門分野を聞かれるとき、「不登校の〈その後〉研究をしています」と答えるようにしている。「社会学」「教育社会学」という言葉を出すこともあるが、「不登校の〈その後》研究」のほうが私にはなじみがよい。本文で繰り返し述べているように、私は一九七八年生まれで、七歳から一二歳まで学校に行かずに家で過ごした。その後自分の不登校の経験を明示した修士論文を出版し、書き手としてのキャリアを開始した。本のタイトルは『不登校は終わらない』(二〇〇四年)。スタートを切るときすでに、継続する「その後」としてしか始められなかった。

2 「元不登校者」と「研究者」のあいだ

本書は、そのように書き手となった私が、二七歳の大学院生だった頃から三九歳で大学教員をしている現在までに、さまざまな媒体に書いてきたもののうち、「コミュニケーション」「生きづらさ」「不登校」「当事者」に関わる文章を集めたものである。これらは個々独立した論考だが、すべて上述した『不登校は終わらない』で行った仕事の不足点や課題点に、さまざまな角度から取り組んだ軌跡になっている。以下では、『不登校は終わらない』について補足的に説明させてほしい。

新卒で就職した職場を一年で辞めて大学院に入った二〇〇二年、寒風吹きすさぶ荒野のような自由のなかで不登校の「その後」を生きる人びとへのインタビュー調査を始めた。「私の不登校」について考えることにそろそろ倦怠していた私は、何よりもまず「他の不登校経験者はどうしているのか」を知りたかった。大人になった不登校経験者は、その後どのような職や人間関係を持ち、過去の不登校経験をどのように意味づけているのか。それは、「いかに問題を解決・予防するか」という不登校をめぐる一般的な関心から隔たった、「不登校経験者にとって不登校とは何か」という「当事者」らしい問いだったといえる。

同時に、これらを問うことは、私の個人的な興味関心に適うだけでなく、一定の社会的意義をもつと思えた。なぜなら、不登校は戦後の「日本型」といわれた学校・企業・家族からなる人的資本開発システム（Brinton 1988）を照射する「窓」であり、そうしたシステムの揺らぎが自覚され始めた二〇〇〇年代初期に顕在化した、「学校＝制度」vs「不登校＝非制度」という枠組の行き詰まりは、不登校をめぐる新たな枠組の必要性を、すなわち社会のもう一つの捉え方の要請を、示すものに見えたからである。

本文でも触れたが、具体的には次のようなことである。私が不登校をしていた八〇年代、文部省（当時）の公式見解はこの現象を「養育者の性格傾向」に起因するものとしていた。学校の対応は「不登校はあってはならないもの」とする登校強制が主流だった。そこには、子どもが学校に行かないだけで「将来はまともな就職や結婚ができないだろう」とさえ考えられたような、不登校に否定的な強い社会的な文脈があった。

だがこれは、逆にいえば「通常どおり学校に行っていれば、まともな職に就き家族を持てる」という前提があったことの裏返しである。九〇年代に入ると、文部省は「不登校はどの子どもにも起こりうる」と認識を転換して「見守る」「学校を心の居場所に」などの対応を打ち出す。他方で、二〇〇〇年代には劣化する若者雇用を前に、「学校に行っていたとしても、将来まともな職に就き家族を持てるとは限らない」ことが明らかになっていく（本田二〇〇五）。教育は多様化・自由化路線を辿り、「個性」重視の名の下に格差・不平等を進行させた（苅谷二〇〇一）。

こうした状況の変化は、「まっとうな状態（制度）／漏れ落ちた状態（非制度）」という二項対立を失効させ、やはり二項対立に依拠していた対抗言説の側の前提を揺るがした。「不登校は病理・逸脱ではない、子どもの人生の選択のひとつ」という不登校運動の主張は、八〇年代の不登校に否定的な社会的文脈において、不登校の子どもを受容しようとした良心的な親・支援者の言説であり、親の会や学校外の子どもの居場所など重要な取り組みを支えた。しかし、二〇〇〇年代に入って、親や支援者として子どもの不登校に向き合うことと、不登校をわが身に引き受けることのちがいは顕在化してきていた。「子どもが不登校の人生を選んだ」と語る意味も、親・支援者にとってと、当事者にとってとでは異なるものになりつつあった。当事者には「その後」があり、「選んだ」と語った／語らなかった自分を抱えて社会に出て行かなければならない。しかもそれは、不安定で見通しが悪く、ジェンダーや学歴、出身家庭の経済的・文化的階層などの格差が「自己責任」の仮面をまとって迫ってくるような社会である。「選んだ」と語ることでしか、不登校の自己を受容できないのならば、不登校経験者たちは不登校による進路上のリスクをも「自己責任」として引き受けさせられることになる。それはおかしいだろう、という直感が先にあった。当時の私は、教育社会学の格差・不平等論と不登校運動言説を接続することで、社会とのつながりに生きづらさを覚える存在を受容する言説を、リスク社会に対応できるバージョンへ更新したいと考えていた。「当事者」

と「大学院生」という二つの顔を持つ存在として、何かオリジナルな仕事ができるとすれば、そのあいだに橋をかけることだろう、という思いがあった。

一方で、この作品は出版後間もなく、さまざまな批判に晒されることになった。批判の多くは、不足点や視野の狭さ、議論の甘さを指摘する、学ぶものの多いものだった。しかしその中に、「このような問いを持つこと自体が「運動つぶし」である」という批判があった。私は私の問いを手放すことをしたくはなかった。それは、私が私でなくなることに思えた。批判者となった人たちとの一連のやりとりのなかで、結果的に、私は私に協力してくれた不登校経験を持つ人びとの幾人かを深く傷つけることになった。

「書かなければよかったのかもしれない。不登校の子どもを守る戦いに水を差してしまったのかもしれない」と考えた時期もあった。けれども、この作品を通じて新たに出会った不登校経験者や支援者たち、大学院の友人や先輩・後輩研究者たちとの対話の中で、そうした考えもまた傲慢であり、本当に考えるべき自分の仕事の粗さから目を逸らすことになる、と思うようになった。私が自分の未熟さに耐えることができ、書くことを断念せずに済んだのは、一重にこれらの人びとがいたからである。

そのなかで、大学院時代にお世話になったある社会学者の言葉が、常に傍らにあった。「書いたものの意味は、これから書くものによって決まる」。それは、『不登校は終わらない』という作品の持つ意味は、完全に確定されてしまったのではなく、その後の私が何を書くか、何を行うか、どんな人や場との関係を築くかによって変わってくる」ということだった。

——取り返しは、つく。書くことを断念することによってではなく、書き続けることによって。

それは希望だった。

3　著者による解題

以下では、本書に収められた文章が、どのような関心に導かれて生まれたのかを補足的に説明しておく。

初期の論考の問題関心は、「当事者が／として語ること」である。先に述べたように私は、自分の独創性を「当事者」でありながら「研究者」でもある越境性に見出そうとしていた。また、質的調査という方法を選択したことから、研究の対象としても「当事者」として生きつつ経験を語る人たちに向き合っていた。そうした立場から、出発点として問わざるを得なかった。なぜ、「当事者の語り」はこんなに魅力的なのか、周囲の人は「当事者」に何を求めているのか。「当事者として語る」ことは本人に何をもたらすのか、そもそも「当事者」とは誰なのか。特に不登校という「病・貧困など合理的な理由がないにもかかわらず子どもが登校しない」現象において、「なぜ学校に行かなくなったか」と理由を明かす「権利」を持つ本人は、親や支援者といった周囲の行為者の関心が集中する一点だった。にもかかわらず、そのことの意味や効果について考察した先行研究は少なかった。

だが、「当事者」を実体あるものと捉え「非当事者」と区別してゆくやり方の限界はまもなく見えた。当事者とは、「誰がそうか」ではなく「いかにそうなるか」が問われるような構築的な概念であり、「当事者」という言葉のもとで実際に何が行われているのかを見ていくべき臨床的・実践的な概念だった。ずしりと重みのある実体としての「当事者の発言」は、存在する。だがそれは、その場ごとの関係性の帰結として生成し事後的に意味づけられるものであり、厳密には一回性のものでしかありえない。その後は、主体の半ば意図的なふるまいによって反復されたり、周囲がそのニーズを参照する倫理的な足場として心に留め置いたりするなかで、生きられ・使われてゆく。

そのように考えるようになった背景には、さまざまな出会いがあった。不登校やひきこもりに関連するフィールドで出会う人のなかには、長い関わりのなかで「当事者」のようになっていく「支援者」や、「支援者」のようになっていく「当事者」、「研究者」のようになっていく「当事者」たちがいた。大学に雇用されてからは、不透明な未来に向き合うなかで「生きづらさ」を抱えている点で、目の前にいる学生たちと不登校経験者たちのあいだに決定的なちがいはないことを、実感するようになった。

現在は、「当事者」という言葉は（おそらく「生きづらさ」という言葉もだが）、集団的な差別が個人化されてゆく社会的過程において、なお差別状況の言語化と他者との連帯に向けて一歩を踏み出そうとするときに使われる表現ではないかと思っている。それは、厳密に概念の内包を確定させることで対象に迫るとか、包括的に定義してさまざまな現象を説明・分析する際に役立てるとかいうよりも、本文でも触れている「当事者研究」のような事例において、具体的な実践のレベルに落とし込まれるときに、一番効果を発揮するのではないか。

もう一つの関心は、「(他者を)支援する人」「(他者を、あるいは自分たちを)支援する場」を理解するというものだ。語られた言葉の背後にある語り手の事情や、具現化した共同性の前で言葉が意味の重みを剥ぎ取られていく「場」の力は、とても重要であるにも関わらず、それまで私が依拠してきた、言語化された経験を考察するインタビューという方法では捉えにくいために、後回しになっていた。

支援者とは、不思議な人びとである。支援者の語る言葉は、仮にインタビュアーが目の前にいる場合でも深いところでは被支援者に向けられており、その人の生きる現実の解釈というより、「当事者」に聞かれることを想定した、「当事者」のよりよい生を促進すると考えられる状況定義から外れないように注意深く構成されたものである。それを知ったとき、言葉自体よりそこから漏れ落ちるものや、そのような語りの背後の事情が、ひどく豊かに見えた。「何が起きているのか」をより普遍的な文脈で通じるように再解釈したいと願う私は、「研究者」というものに一歩近づきつつあったのだと思う。

親としてわが子と社会のつながりを考えるようになったことも、「支援する人」の言葉の背景や効果を想像する土台をくれた。自分の痛みであればどうとでもしよう。でも目の前の子どもの痛みは。そんな思いを抱えるなかで、かつて「親や支援者の言葉であり当事者のリアリティからはずれる」と論じた「不登校は子どもの選択」という言葉に、大人たちのある腹のくくり方、この不登校をきっと選ぶに値するものにしてゆくぞという「決意表明」のようなものを見るようになった。

しかし、研究者となり親となることで、不登校のその後を生きる者であることから遠ざかったかといえば、私はそうはならなかった。大阪のNPOが運営する若者の居場所のプロジェクトとして立ち上がった「当事者から考える生きづらさ研究会」（通称、「づら研」）に関わるようになったことで、私は生きづらさの現場につなぎ止められた。ここには、主として不登校やひきこもりを経験した二〇代から四〇代の人びとが定期的に集い、生きづらさに関するさまざまなテーマでレポートを書いたり話し合ったりしている。私はコーディネーターであると同時に、生きづらさを抱えるひとりの参加者としてそこにいた。年月が経つうち、それまで話を聞く対象だった「当事者と支援者のあいだ」のような状態を生きる人びとに、私自身が近づいていった。づら研には、人が集まり、「場」ができる。づら研に関わる経験は、「当事者の語り」を生み出す土壌となる、それ自体は言語には回収されない「場」というものについて考えさせてくれた。

そして、直近の問題意識が「コミュニケーション能力」である。不登校やひきこもりは、長らく「社会性」が欠如した存在、現代風にいえば「コミュニケーション能力」なるものに難を抱える存在だとされてきた。卑近な言い方をすれば、「無口で暗い、ノリの悪い、空気の読めない人」という印象が付きまとっており、これはネットスラングでいう「コミュ障」に近い。だが、当たり前だが不登校やひきこもりでもいろんな人がいるので、みんなが「コミュ障」というわけではない。その点で「不登校・ひきこもりはコミュ障だ」というのは一見するとたいへんつまらない言明である。しかし、これを考えることは、「人が社会的存在になる」ことをめぐる不思議さへの気づきへとつながっていった。

明示的に示しているわけではないが、本書の文脈において私は「社会性／コミュニケーション能力」を三つの次元に分けて考えている。第一に教室や職場などの場において「うまくやる」ためのもの、第二に異文化の人と意思疎通を行うもの、そして第三に、「他者が見るように自己を見る」という社会学／社会心理学における社会化過程で発揮されるものである。

不登校・ひきこもりの人は、通常第一の意味において「コミュニケーション能力がない」とされる。だが、彼ら・彼女らは不登校・ひきこもりの状態にある自己が社会のなかで許されない状態であることを知っている。「社会的に許されない状態にある」という自覚が、不登校・ひきこもりの苦しさの多くを構成している、といっても過言ではない。つまり、第三の意味における「社会性」ならば――持ちすぎるくらい――持っているのだ。社会的価値を共有し、社会に立ち交じることを望んでいるのに、そうならない存在。このような存在を見ていると、「個人が社会的存在となる」とは、何と謎めいた複雑なプロセスなのだろうと思う。

そして、考えなければならないのは、「社会性／コミュニケーション能力がある」とされる側についてだ。なるほど、この人びとは不登校・ひきこもりの人びととは違って第一と第三の意味での社会性をともに持っているだろう。だが、しばしば「コミュ障」を異端としてはじき出すコミュニケーションは、空気を読むことを自明とすることで、その空気を共有しない異文化との対話から遠ざかる。もっと言えば、空気に殉じて不登校・ひきこもりの人を「コミュ障」と断じる態度そのものが、第二の意味でのコミュニケーション能力が萎れている証左かもしれない。「グローバル化」や「ダイバーシティ」が強調される現代社会において、どのような対話のちからが必要とされているのか、それを培うべきは誰なのか。考えていかなくてはならないだろう。

本をつくるにあたり、多くの方にお世話になった。最後に記して感謝したい。

二〇〇〇年代に書かれた文章には、社会学者の上野千鶴子さんと佐藤俊樹さんの影響が強い。最初の本を出版した後の苦しい時期を支えてくださったお二人がいなければ、私はこの本に収録された論考も書くことはなかったかもしれない。

大阪の若者の居場所「なるにわ」の事務局を務める山下耕平さんは、著書『迷子の時代を生き抜くために』(二〇〇九年)で『不登校は終わらない』をとりあげてくれ、一度は閉ざされた不登校運動とのつながりをもう一度回復させるきっかけをくれた。私にとって欠けがえのない現場であるづら研の立ち上げに誘っていただいたことは、大きな転機となった。づら研の参加者の皆さん、ひとりひとりお名前を挙げることは叶わないが、皆さんの生きづらさに取り組む真摯な態度が、私が文章を書くときの参照点となっている。

そして、学部時代の指導教授である小熊英二さんは、私を社会学という学問に誘い、書き手として育ててくださった。小熊ゼミの後輩である編集者の加藤峻さんに担当いただいて本書を世に出せることを幸せに思う。

何より、お手に取ってくださった読者の皆さま、本当にありがとうございました。

二〇一八年三月

貴戸理恵

参考文献（アルファベット順）

雨宮処凛『生き地獄天国』太田出版、二〇〇〇年

――「世界の当事者になる42　広がる「生きづらい人」「貧乏人」の輪！」『ビッグイシュー日本版』九八号、二〇〇八年、一九頁

新谷周平「居場所を生み出す「社会」の構築」田中治彦・萩原健次郎編著『若者の居場所と参加――ユースワークが築く新たな社会』東洋観出版社、二〇一二年

朝倉景樹『登校拒否のエスノグラフィー』彩流社、一九九五年

浅野智彦『自己への物語論的接近』勁草書房、二〇〇一年

Basil, Bernstein., *Class Codesand Control*, Vol. I (Routledge & Kegan Paul, 1971)

Beck, U., *Rick Society: Towards a New Modernity*, (Sage, 1992)（＝東廉・伊藤美登里訳『危険社会――新しい近代への道』法政大学出版局、一九九八年）

Beck, U., "The Reinvention of Politics: Towardsa Theory of Reflexive Modernization" in *Reflexive Modernization: Politics, Traditionand Aesthetics in the Modern Social Order*, edited by Beck, U., Giddens, A. and Lash, S., (Polity Press, 1994)（＝松尾精文・小幡正敏・叶堂隆三訳「政治の再創造――再帰的近代化理論に向けて」『再帰的近代化――近現代における政治・伝統・美的原理』而立書房、一九九七年）

Bell, D., *The Coming of Post-Industrial Society: A Venturein Social Forecasting* ,(Basic Book, 1973)（＝内田忠夫ほか訳『脱工業社会の到来――社会予測の一つの試み（上・下）』ダイヤモンド社、一九七五年）

Brinton, M., "The Social-Institutional Bases of Gender Stratification: Japanese Illustrative Case", *American Journal of Sociology* 94., 1988, pp.300-34.

ブリントン、メアリー（池村千秋訳）『失われた場を探して——ロストジェネレーションの社会学』ＮＴＴ出版、二〇〇八年

土井隆義『友だち地獄——「空気を読む」世代のサバイバル』ちくま新書、二〇〇八年

福村幸子「「不登校」運動と〈当事者〉の表現」『立命館大学学生論集』一二号、二〇〇六年、三三九—三三七頁

Furlong, A. & Cartmel, F., *Young People and Social Change: New Perspectives*, 2nd edition, (Open University Press, 2006)（＝乾彰夫・西村貴之・平塚眞樹・丸井妙子訳『若者と社会変容——リスク社会を生きる』大月書店、二〇〇九年）

不登校生徒に関する追跡調査研究会『不登校に関する実態調査：平成一八年度不登校生徒に関する追跡調査報告書』二〇一四年

玄田有史『働く過剰——大人のための若者読本』ＮＴＴ出版、二〇〇五年

Gergen, K., *Relational Being: Beyond Self and Community*, (Oxford University Press, 2009)

Giddens, A., *The Consequences of Modernity*, (Stanford University Press, 1990)（＝松尾精文・小幡正敏訳『近代とはいかなる時代か？——モダニティの帰結』而立書房、一九九三年）

濱口桂一郎『若者と仕事』中公新書ラクレ、二〇一三年

広井良典『日本の生活保障』岩波新書、一九九九年

広田照幸『思考のフロンティア　教育』岩波書店、二〇〇四年

Hochschild, A. R., *The Managed Heart: Commercialization of Human Feeling*, (University of California Press, 1982)（＝石川准・室伏亜希訳『管理される心——感情が商品になるとき』世界思想社、二〇〇〇年）

本田由紀『多元化する「能力」と日本社会』ＮＴＴ出版、二〇〇五年

——『若者と仕事——「学校経由の就職」を超えて』東京大学出版会、二〇〇五年

本田由紀・内藤朝雄・後藤和智『「ニート」って言うな！』光文社新書、二〇〇六年

井出草平『ひきこもりの社会学』世界思想社、二〇〇七年

池上彰『伝える力』ＰＨＰビジネス新書、二〇〇七年

稲木健志・景山秀人・中山森夫・星山輝男・上畑鉄之丞・堤浩一郎・南雲芳夫『過労死とのたたかい』新日本新書、一九八九年

石川憲彦・内田良子・山下英三郎編『子どもたちが語る登校拒否――402人のメッセージ』世織書房、一九九三年
石坂好樹「自閉症の有病率研究の最近の動向――自閉症は増えているか」『障害者問題研究』第三四巻第四号、二〇〇七年、二八四頁
門眞一郎・高岡健・滝川一廣『不登校を解く――三人の精神科医からの提案』ミネルヴァ書房、一九九八年
苅谷剛彦『大衆教育社会のゆくえ――学歴主義と平等神話の戦後史』中公新書、一九九五年
――『階層化日本と教育危機』有信堂、二〇〇一年
――『教育と平等――大衆教育社会はいかに生成したか』中公新書、二〇〇九年
苅谷剛彦・菅山真次・石田浩編『学校・職安と労働市場――戦後新規学卒市場の制度化過程』東京大学出版会、二〇〇〇年
樫村愛子「コミュニケーション社会における、「コミュ障」文化という居場所」『現代思想』二〇一七年八月号
加藤美穂『不登校のポリティクス――社会統制と国家・学校・家族』勁草書房、二〇一二年
勝山実『ひきこもりカレンダー』文春ネスコ、二〇〇一年
――『安心ひきこもりライフ』太田出版、二〇一一年
河合洋「もう一つの生活の場を求めて」佐伯胖・黒崎勲・佐藤学・田中孝彦・浜田寿美男・藤田英典編『岩波講座現代の教育1　いま教育を問う』岩波書店、一九九八年
貴戸理恵『不登校は終わらない――「選択」の物語から〈当事者〉の語りへ』新曜社、二〇〇四年
――『「コミュニケーション能力がない」と悩むまえに』岩波ブックレット、二〇一一年
――「教育――子ども・若者と「社会」とのつながりの変容」、小熊英二編『平成史』河出ブックス、二〇一二年
内閣府「若者の考え方についての調査」（困難を抱える子ども・若者への支援等に関する調査）「不登校」の分析、二〇一三年、http://www8.cao.go.jp/youth/suisin/hyouka/part1/k_8/pdf/s1-3.pdf（二〇一八年四月三日閲覧）
――「時代を読む――発達障害、場で受け止める」東京新聞、二〇一四年一一月二六日
――「時代を読む――小学生の英語教育の前に」東京新聞、二〇一五年六月七日
――「時代を読む――「コミュ障」なんて問題ない」東京新聞、二〇一六年一〇月一六日
貴戸理恵・常野雄次郎『増補　不登校、選んだわけじゃないんだぜ！』イーストプレス、二〇一二年
木下律子『妻たちの企業戦争』現代教養文庫、一九八八年

小林博和『home』(パンフレット)、二〇〇二年

小林雅之『進学格差――深刻化する教育費負担』ちくま新書、二〇〇八年

雇用職業総合研究所『青年の職業適応に関する国際比較研究――学校から職業への架橋』職研調査研究報告書、No.86、一九八九年

工藤啓・西田亮介『無業社会――働くことができない若者たちの未来』朝日新書、二〇一四年

熊谷晋一郎「エピローグ――当事者研究が語り始める」石原孝二編著『当事者研究の研究』医学書院、二〇一三年

Kumagaya, S., "Tojisha Kenkyu of Autism Spectrum Disorders." *Advanced Robotics* 29(1): 25-34., 2015.

熊沢誠『能力主義と企業社会』岩波新書、一九九七年

――『若者が働くとき――「使い捨てられ」も「燃えつき」もせず』ミネルヴァ書房、二〇〇六年

Mead, G.H., *Mind, Self, and Society; from the Stand point of a Social Behaviorist,* (The University of Chicago Press, 1934)(=稲葉三千男・滝沢正樹・中野収訳『精神・自我・社会』青木書店、一九七三年)

宮本太郎『福祉政治――日本の生活保障とデモクラシー』有斐閣、二〇〇八年

文部科学省『教育指標の国際比較』二〇〇六年

――「国公私立大学・短期大学入学者選抜実施状況の概要」平成二五年度

――「不登校に関する実態調査:平成一八年度不登校生徒に関する追跡調査報告書」、http://www.mext.go.jp/a_menu/shotou/seitoshidou/1349949.htm(二〇一八年三月三〇日閲覧)

文部省『問題児指導の実際』一九五三年

――『生徒指導資料 第一八集・生徒指導研究資料第一二集――生徒の健全育成をめぐる諸問題/登校拒否問題を中心に(中学校・高等学校編)』、一九八三年

文部省初等中等教育局『生徒の健全育成をめぐる諸問題登校拒否問題を中心に』生徒指導資料、一九八四年

森田洋司『「不登校」現象の社会学』学文社、一九九一年

森田洋司編著『不登校 その後――不登校経験者が語る心理と行動の軌跡』教育開発研究所、二〇〇三年

向谷地生良、浦川べてるの家『べてるの家の「非」援助論』医学書院、二〇〇二年

向谷地生良「当事者研究とは――当事者研究の理念と構成」当事者研究ネットワークホームページ、二〇一三年、http://toukennet.jp/?page_id=56(二〇一八年四月九日閲覧)、二〇一三年

内閣府『子ども・子育て白書』平成二三年度
――『困難を有する子ども・若者の支援者調査』平成二四年度
中西正司・上野千鶴子『当事者主権』岩波新書、二〇〇三年
中生加康夫『「過労死」と妻たち』風媒社、一九八九年
日本児童教育振興財団編『学校教育の戦後七〇年史』小学館、二〇一六年
日本経済団体連合会『二〇一六年度新卒採用に関するアンケート調査結果』二〇一六年、http://www.keidanren.or.jp/policy/2016/108.html（二〇一八年四月九日閲覧）
二村ヒトシ『すべてはモテるためである』文庫ぎんが堂、二〇一二年
信田風馬「自分の生き方をつくる」、シューレ大学編『閉塞感のある社会で生きたいように生きる』東京シューレ出版
野村正實『日本的雇用慣行――全体像構築の試み』ミネルヴァ書房、二〇〇七年
野崎泰伸「当事者性の再検討」『人間文化学研究集録』第一四号、二〇〇四年
小熊英二「ナショナリズムを超えて公共性をつくる」『私たちはいまどこにいるのか 小熊英二時評集』毎日新聞社、二〇一一年
小熊英二編『平成史』河出ブックス、二〇一二年
奥地圭子『登校拒否は病気じゃない――私の体験的登校拒否論』教育史料出版会、一九八九年
――『東京シューレ物語』教育史料出版会、一九九一年
Reich, R. B., *The Work of Nations: Preparing ourselves for 21st century capitalism*, (Vintage, 1992)（＝中谷巌訳『ザ・ワーク・オブ・ネーション――21世紀の資本主義イメージ』ダイヤモンド社、一九九一年）
労働政策研究・研修機構「若者就業支援の現状と課題」二〇〇五年
斎藤環『社会的ひきこもり――終わらない思春期』ＰＨＰ新書、一九九八年
佐々木圭一『伝え方が9割』ダイヤモンド社、二〇一三年
佐藤修策「神経症的登校拒否行動の研究」『岡山県中央児童相談所紀要』第四巻、一九五一年（のちに佐藤修策『登校拒否ノート――いま、むかし、そしてこれから』北大路書房、一九九六年に収録）
――「神経症的登校拒否の研究」『岡山県中央児童相談所紀要』四号、一九五九年、一―一五頁
――『登校拒否ノート――いま、むかし、そしてこれから』北大路書房、一九九六年

Seikkula, J., "Open Dialogues with Good and Poor Outcomes for Psychotic Crises: Examples from Families with Violence." *Journal of Marital and Family Therapy* 28(3), 2002.
白岩玄『野ブタ。をプロデュース』河出文庫、二〇〇八年
壽木孝哉『就職戦術』先進社、一九二九年
杉田俊介『フリーターにとって「自由」とは何か』人文書院、二〇〇五年
鈴木良治『日本的生産システムと企業社会』北海道大学出版会、一九九四年
鈴木翔『教室内カースト』光文社新書、二〇一二年
菅山真次『「就活」社会の誕生』名古屋大学出版会、二〇一一年
シューレ大学編『閉塞感のある社会で生きたいように生きる』東京シューレ出版、二〇一〇年
橘木俊詔編『封印される不平等』東洋経済新報社、二〇〇四年
高岡健「発達障害の「増加」をどう考えるか――医療現場から」『福祉労働』第一四〇号、二〇一三年、一三―二二頁
滝川一廣『学校へ行く意味・休む意味――不登校ってなんだろう？』日本図書センター、二〇一二年
田中治彦・萩原建次郎編『若者の居場所と参加――ユースワークが築く新たな社会』東洋館出版社、二〇一二年
登校拒否を考える会編『学校に行かない子どもたち　登校拒否――新しい生き方の発見』一九八七年
東京シューレ『僕らしく君らしく自分色――登校拒否・私たちの選択』教育史料出版会、一九九五年
東京シューレの子どもたち編『学校に行かない僕から学校に行かない君へ』教育史料出版会、一九九一年
――『僕らしく君らしく自分色――登校拒否・私たちの選択』教育史料出版会、一九九五年
NPO法人東京シューレ編『フリースクールとはなにか――子どもが創る・子どもと創る』教育史料出版会、二〇〇〇年
――『学校に行かなかった私たちのハローワーク』東京シューレ出版、二〇〇五年
東京シューレIDEC記録編集委員会『子どもが創る・子どもと創る――第八回世界フリースクール大会記録集』東京シューレ発行、二〇〇〇年
土方由紀子「子どもの生きづらさとは何か――リスク社会における不登校」奈良女子大学社会学論集17、二〇一〇年
筒井美紀・櫻井純理・本田由紀編『就労支援を問い直す――自治体と地域の取り組み』勁草書房、二〇一四年
上野千鶴子『ケアの社会学――当事者主権の福祉社会へ』太田出版、二〇一一年
上山和樹『「ひきこもり」だった僕から』講談社、二〇〇一年

――――「《当事者の語り》をめぐって」『こころの科学』一二三号、二〇〇五年
――――「FreezingPoint」二〇〇八年七月三一日「読み合わせ」、http://d.hatena.ne.jp/ueyamakzk/200807（二〇一八年三月七日閲覧）
梅垣弘『登校拒否の子どもたち』学事出版、一九八四年
浦河べてるの家『べてるの家の「当事者研究」』医学書院、二〇〇五年
鷲見たえ子・玉井収介・小林育子「学校恐怖症の研究」国立衛生研究所『精神衛生研究』第八号、一九六〇年
渡辺位『登校拒否――学校に行かないで生きる』太郎次郎社、一九八三年
White, M. and D. Epston., *Narrative Means to Therapeutic Ends*, (W. W. Norton & Company., 1990)（＝小森康永訳『物語としての家族［新訳版］』金剛出版、二〇一七年）
Wing, L., *The Autistic Spectrum: a Guide for Parents and Professionals*, (Constable, 1996)（＝久保紘章・清水康夫・佐々木正美訳『自閉症スペクトル――親と専門家のためのガイドブック』東京書籍、一九九八年）
Wong, S. F., "Reframing futoko (school non-attendance) in Japan: a social movement perspective." Thesis (Ph. D), University of Adelaide, 2008.
山下耕平『迷子の時代を生き抜くために――不登校・ひきこもりから見えてくる地平』北大路書房、二〇〇九年
湯浅誠『反貧困――「すべり台社会」からの脱出』岩波新書、二〇〇八年
づら研『づら研やってます――生きづらさからの当事者研究会レポート Vol.1』特定非営利活動法人フォロ、二〇一二年、http://www.foro.jp/pdf/publish/dzrweb.pdf（二〇一八年三月二六日閲覧）
――――『づら研やってます。生きづらさからの当事者研究会レポート vol.02』特定非営利活動法人フォロ、二〇一三年、http://www.foro.jp/pdf/publish/dzrweb02.pdf（二〇一八年四月九日閲覧）

初出一覧（本書収録にあたり大幅に加筆修正を施した）

はじめに　書き下ろし

1　「若者の対人関係における〝コミュ障〟」『こころの科学』一九一号、二〇一七年一月

2　「「生きづらさ」の増殖をどう考えるか」『福祉労働』一四二号、二〇一四年

3　書き下ろし

4　「「生きづらい私」とつながる「生きづらい誰か」」『論座』二〇〇六年四月号

5　「「学校」の問い直しから「社会」とのかかわり再考へ」『こころの科学』二〇〇五年九月号

6　「支援者と当事者のあいだ」『支援』二〇一二年三月

7　「不登校の子どもの「居場所」を運営する人びと」『現代のエスプリ』二〇〇五年八月号

8　「「働かないことが苦しい」という「豊かさ」をめぐって」『現代思想』二〇一三年四月号

9　「「自己」が生まれる場」『現代思想』二〇一七年八月号

10　「不登校からみる共同性の意義」『教育』二〇一六年四月

11　「「書くこと」のススメ」『づら研やってます。』vol. 3、二〇一五年

12　「「当事者」に向き合う「私」とは誰か」『児童心理』二〇一三年四月臨時増刊号

13　「平成家族考」『月刊福祉』二〇一三年一一月号八八―八九頁、二〇一三年一二月号八八―八九頁、二〇一四年一月号九〇―九一頁、二〇一四年二月号八六―八七頁、二〇一四年三月号九〇―九一頁、二〇一四年四月号八八―八九頁。（掲載にあたって、発行元の全国社会福祉協議会より許可をいただいた）

14　「「学校不適応でも大丈夫」と言いつづけるために」『児童心理』二〇一六年二月臨時増刊号

おわりに　書き下ろし

著者　貴戸理恵（きど・りえ）
1978年生まれ。関西学院大学准教授（社会学、「不登校の〈その後〉研究」）。アデレード大学アジア研究学部博士課程修了（Ph.D）。著書に『不登校は終わらない――「選択」の物語から〈当事者〉の語りへ』（新曜社）、『増補 コドモであり続けるためのスキル』（「よりみちパン！セ」、イーストプレス）、『増補 不登校、選んだわけじゃないんだぜ！』（同、常野雄次郎氏との共著）、『女子読みのススメ』（岩波ジュニア新書）、『「コミュニケーション能力がない」と悩むまえに――生きづらさを考える』（岩波ブックレット）など。

「コミュ障」の社会学

2018年5月14日　第1刷発行
2025年4月10日　第5刷発行

著者――貴戸理恵

発行者――清水一人
発行所――青土社

〒101-0051　東京都千代田区神田神保町1-29　市瀬ビル
［電話］03-3291-9831（編集）　03-3294-7829（営業）
［振替］00190-7-192955

印刷・製本――双文社印刷

装幀――水戸部 功

ISBN 978-4-7917-7062-5 C0036